Hannah Stevens

Pão e Circo
Projeção Emocional e Comportamento Social

Título Original:
Bread and Circus - Emotional Projection and Social Behavior
Copyright © 2024, publicado em 2025 por Luiz Antonio dos Santos ME.
Este livro é uma obra de não-ficção que explora práticas e conceitos no campo da psicologia social e do comportamento humano. Através de uma abordagem abrangente, o autor analisa os mecanismos de influência coletiva, a relação entre entretenimento e controle social e as dinâmicas emocionais que moldam o comportamento individual e coletivo.

1ª Edição
Equipe de Produção
Autor: Hannah Stevens
Editor: Luiz Santos
Capa: Studios Booklas/ Ricardo Mendes
Consultor: Mariana Figueiredo
Pesquisadores: João Albuquerque, Renata Oliveira, Felipe Moura
Diagramação: Carlos Esteves
Tradução: Fernanda Martins
Publicação e Identificação
Pão e Circo
Booklas, 2024
Categorias: Psicologia Social/Comportamento Coletivo
DDC: 302.1 - **CDU:** 159.9

Todos os direitos reservados a:
Luiz Antonio dos Santos ME / Booklas
Nenhuma parte deste livro pode ser reproduzida, armazenada num sistema de recuperação ou transmitida por qualquer meio — eletrônico, mecânico, fotocópia, gravação ou outro — sem a autorização prévia e expressa do detentor dos direitos autorais.

Sumário

Índice Sistemático 5
Prólogo 10
Capítulo 1 A Ilusão da Conquista 13
Capítulo 2 A História do Pão e Circo 19
Capítulo 3 O Cérebro e o Vício em Emoções 26
Capítulo 4 Psicologia da Multidão 33
Capítulo 5 O Impacto na Identidade Individual 39
Capítulo 6 O Poder das Narrativas 45
Capítulo 7 O Uso Político da Emoção 51
Capítulo 8 O Efeito Manada 58
Capítulo 9 As Redes Sociais e a Nova Arena 64
Capítulo 10 O Papel da Mídia 71
Capítulo 11 A Cultura do Entretenimento 78
Capítulo 12 O Culto às Celebridades 85
Capítulo 13 Fanatismo e Extremismo 92
Capítulo 14 O Preço da Alienação 98
Capítulo 15 A Relação com a Classe Social 105
Capítulo 16 Exceções à Regra 112
Capítulo 17 A Ilusão do Controle 119
Capítulo 18 Como Romper o Ciclo 125
Capítulo 19 Minimalismo Emocional 131
Capítulo 20 O Poder da Autorresponsabilidade 137
Capítulo 21 A Mente de Alta Performance 143

Capítulo 22 Como Reprogramar a Mente 149
Capítulo 23 A Arte do Desapego 155
Capítulo 24 Criando Sua Própria Narrativa 160
Capítulo 25 Resgatando o Controle Emocional 165
Capítulo 26 O Novo Modelo de Pensamento 171
Capítulo 27 O Mundo Sem Ilusões 177
Capítulo 28 Libertando-se do Circo 183
Epílogo 190

Índice Sistemático

Capítulo 1: A Ilusão da Conquista - Explora como a sociedade contemporânea está imersa em estímulos que moldam as emoções, levando a ilusões de participação e conquista em eventos externos.

Capítulo 2: A História do Pão e Circo - Aborda a estratégia romana de controle social por meio de alimento e entretenimento, traçando um paralelo com as distrações modernas e o desvio da atenção pública.

Capítulo 3: O Cérebro e o Vício em Emoções - Explora o sistema de recompensa cerebral e como ele nos torna propensos ao vício em emoções, especialmente em relação ao entretenimento, e como podemos buscar um equilíbrio.

Capítulo 4: Psicologia da Multidão - Examina como a dinâmica de grupo influencia o comportamento individual, intensificando emoções e levando à desindividualização e ao contágio emocional.

Capítulo 5: O Impacto na Identidade Individual - Discute como a busca por identidade em sociedades hiperconectadas leva à transferência de identidade para elementos externos, fragilizando a autoestima e o desenvolvimento pessoal.

Capítulo 6: O Poder das Narrativas - Explora o papel central das narrativas na experiência humana, como elas moldam percepções, influenciam emoções e podem ser usadas para manipular ou inspirar.

Capítulo 7: O Uso Político da Emoção - Aborda como emoções são manipuladas na política para construir narrativas, influenciar decisões e gerar polarização, tornando a esfera pública suscetível a reações impulsivas.

Capítulo 8: O Efeito Manada - Examina a tendência humana de seguir o comportamento da maioria, impulsionada pela necessidade de pertencimento e segurança, e como esse efeito pode levar a decisões irracionais ou ser usado para manipulação social.

Capítulo 9: As Redes Sociais e a Nova Arena - Analisa como as redes sociais se tornaram a nova arena do "Pão e Circo", com seus algoritmos que amplificam emoções e polarização, e como essa dinâmica digital exige uma relação mais consciente com a tecnologia.

Capítulo 10: O Papel da Mídia - Discute a influência da mídia na sociedade, como ela define a agenda pública e manipula emoções, e a importância do desenvolvimento do pensamento crítico para interpretar informações de forma independente.

Capítulo 11: A Cultura do Entretenimento - Explora como o entretenimento moderno molda percepções, comportamentos e emoções, e como essa indústria atua para capturar a atenção e promover valores e estilos de vida.

Capítulo 12: O Culto às Celebridades - Analisa a crescente influência das celebridades, como a mídia e as redes sociais amplificam esse culto, e como a projeção emocional em figuras públicas pode ser prejudicial à construção da identidade individual.

Capítulo 13: Fanatismo e Extremismo - Examina o fanatismo e o extremismo em diversos contextos, como a mente fanática se forma, os perigos do extremismo e a importância do diálogo e da tolerância para combater esses fenômenos.

Capítulo 14: O Preço da Alienação - Discute o custo da alienação coletiva, como ela afeta a vida individual e social, comprometendo a autenticidade, a coesão comunitária e a capacidade de ação e transformação da realidade.

Capítulo 15: A Relação com a Classe Social - Aborda como o entretenimento pode ser usado como escape e compensação emocional para classes desfavorecidas, perpetuando um ciclo de passividade e desigualdade.

Capítulo 16: Exceções à Regra - Mostra que o envolvimento com o "Pão e Circo" não se limita às classes baixas, mas também atinge indivíduos bem-sucedidos que buscam escape e conexão social.

Capítulo 17: A Ilusão do Controle - Explora a crença de que podemos influenciar eventos externos sobre os quais não temos controle real, como jogos esportivos ou debates políticos, alimentando o ciclo de "Pão e Circo".

Capítulo 18: Como Romper o Ciclo - Discute estratégias para se libertar do "Pão e Circo", incluindo o desenvolvimento do pensamento crítico, a relação consciente com o entretenimento e a educação para autonomia.

Capítulo 19: Minimalismo Emocional - Apresenta o minimalismo emocional como forma de reduzir a dependência de estímulos externos, priorizando emoções relevantes e cultivando a atenção plena para alcançar o bem-estar.

Capítulo 20: O Poder da Autorresponsabilidade - Aborda a importância de assumir o controle das próprias emoções, reconhecendo que não são impostas por fatores externos, mas por como reagimos a eles.

Capítulo 21: A Mente de Alta Performance - Explora as características e habilidades de indivíduos de alta performance, como foco, disciplina, inteligência emocional e mentalidade de crescimento.

Capítulo 22: Como Reprogramar a Mente - Discute como modificar padrões de pensamento, crenças limitantes e reações automáticas por meio de técnicas como PNL, psicologia cognitiva e mindfulness.

Capítulo 23: A Arte do Desapego - Explica a importância do desapego emocional para alcançar o equilíbrio, aceitando a impermanência da vida, fortalecendo a autonomia emocional e cultivando a atenção plena.

Capítulo 24: Criando Sua Própria Narrativa - Discute como construir uma narrativa de vida autêntica, definindo objetivos alinhados com valores internos, desenvolvendo paixões genuínas e cultivando uma identidade sólida.

Capítulo 25: Resgatando o Controle Emocional - Aborda técnicas para controlar as emoções, incluindo autoconhecimento, atenção plena, regulação emocional, reestruturação cognitiva e inteligência emocional.

Capítulo 26: O Novo Modelo de Pensamento - Propõe um novo modelo de pensamento baseado na atenção seletiva, mentalidade observadora, foco no círculo de influência e cultura da presença, para uma vida mais autêntica.

Capítulo 27: O Mundo Sem Ilusões - Explora como seria um mundo sem as ilusões e distrações do "Pão e Circo", com maior produtividade, consciência social e resistência à manipulação.

Capítulo 28: Libertando-se do Circo - Conclui com um chamado à ação para se libertar do "Pão e Circo", assumindo o controle da própria história e buscando uma vida autêntica e com propósito.

Prólogo

A sociedade humana sempre foi guiada por símbolos, narrativas e emoções compartilhadas. Desde os grandes impérios até o mundo hiperconectado a necessidade de pertencimento e validação tem sido um dos principais motores do comportamento coletivo. O espetáculo sempre foi uma ferramenta eficiente de distração e controle, e sua forma moderna se manifesta nas redes sociais, no entretenimento de massa, nos ciclos de indignação política e nas rivalidades esportivas e ideológicas. A essência permanece a mesma: manter a atenção do público direcionada para estímulos cuidadosamente planejados, enquanto os verdadeiros centros de poder operam sem resistência significativa.

O ser humano é movido por emoções, mas até que ponto essas emoções são realmente suas? O vício em estímulos externos – seja na política, no esporte ou na cultura digital – cria um ciclo onde a identidade individual é moldada por eventos e figuras externas. O triunfo de um ídolo, a derrota de um adversário ou a viralização de uma nova tendência ditam o humor e as preocupações diárias de milhões, muitas vezes em detrimento de experiências genuínas e do desenvolvimento pessoal. A ilusão da conquista coletiva substitui as vitórias individuais, e a sensação de pertencimento se sobrepõe à busca por autonomia e significado.

A era digital potencializou esse fenômeno ao criar sistemas que não apenas capturam, mas direcionam a atenção das massas. Algoritmos monitoram e moldam comportamentos, reforçam crenças e alimentam bolhas de pensamento, tornando cada vez mais difícil a exposição ao contraditório. O debate público se fragmenta, a polarização se intensifica, e a sociedade se divide em grupos que reagem impulsivamente a estímulos emocionais planejados para gerar engajamento. O objetivo não é informar ou gerar reflexão, mas manter as pessoas presas ao ciclo de euforia e indignação, assegurando sua participação no espetáculo, mas não no poder de decisão real.

A manipulação da atenção coletiva não ocorre apenas no campo da política ou do entretenimento. Grandes corporações utilizam as mesmas estratégias para transformar emoções em consumo, desejos em lucros e identidade pessoal em um reflexo das tendências ditadas pelo mercado. A individualidade se dilui em estilos de vida pré-fabricados, e a liberdade se torna uma ilusão bem vendida. Enquanto multidões se perdem em distrações cuidadosamente elaboradas, decisões que impactam a sociedade de forma concreta são tomadas sem resistência significativa.

No entanto, compreender esse processo já é um passo para se libertar dele. O conhecimento sobre os mecanismos de influência social, os gatilhos emocionais e os ciclos de manipulação permite recuperar o controle sobre o que realmente merece atenção. Em um mundo onde a distração é a norma, cultivar a capacidade de refletir, questionar e direcionar a própria energia para objetivos autênticos é um ato de resistência.

Isso não significa rejeitar o entretenimento, a cultura popular ou o engajamento social, mas desenvolver uma relação mais consciente com essas experiências. Significa enxergar o espetáculo pelo que ele é sem se tornar refém dele. Significa reconhecer quando emoções intensas são genuínas e quando são induzidas. Significa valorizar conquistas que nascem do esforço pessoal, em vez de se perder em vitórias simbólicas que nada acrescentam à realidade individual.

O mundo sempre oferecerá novas formas de distração, novos ídolos para adorar e novas causas para mobilizar as massas. Mas a verdadeira transformação não acontece no espetáculo. Ela acontece nas escolhas de cada indivíduo que decide recuperar o controle sobre sua atenção, sua identidade e seu próprio caminho. Afinal, a maior liberdade não está em escapar do sistema, mas em enxergá-lo com clareza e escolher conscientemente o que merece espaço na própria vida.

Luiz Santos
Editor.

Capítulo 1
A Ilusão da Conquista

A sociedade contemporânea vive imersa em uma rede de estímulos que capturam nossa atenção e moldam nossas emoções de maneira sutil. Notícias, esportes, entretenimento e redes sociais funcionam como gatilhos para sensações intensas, fazendo com que experimentemos euforia ou frustração diante de eventos que, na prática, não alteram diretamente o curso de nossas vidas. Mas essas reações não são meramente aleatórias ou fruto de preferências superficiais. Elas refletem um mecanismo psicológico profundo, enraizado na necessidade humana de pertencimento e identidade.

Ao longo da história, grupos sociais se estruturaram em torno de símbolos, ritos e narrativas coletivas que transcendiam o indivíduo, criando um senso de unidade e propósito. O mesmo impulso que levava civilizações antigas a se identificarem com seus clãs e divindades hoje se manifesta na forma como torcemos por um time, acompanhamos a trajetória de uma celebridade ou nos envolvemos emocionalmente em debates ideológicos. Essa conexão emocional com elementos externos gera a ilusão de participação, como se estivéssemos inseridos nos acontecimentos que observamos. Na realidade, porém, somos apenas espectadores, projetando anseios e frustrações em figuras e eventos alheios a nós.

A necessidade de pertencimento impulsiona a criação de vínculos simbólicos, que por sua vez influenciam a forma como interpretamos a realidade. Ao se identificar com uma causa, um grupo ou um ícone cultural, o indivíduo encontra um senso de comunidade que transcende sua existência individual. No entanto, essa conexão emocional pode acabar servindo como um mecanismo de alienação, desviando o foco da experiência pessoal para entidades externas. A vitória de um time de futebol, por exemplo, pode gerar um sentimento de glória pessoal tão intenso quanto uma conquista real, enquanto a derrota pode ser vivida como uma tragédia particular. Esse processo faz com que a pessoa oscile constantemente entre exaltação e frustração, muitas vezes sem perceber que sua felicidade ou angústia estão sendo determinadas por fatores completamente fora de seu controle.

Com o avanço da tecnologia e o aumento das interações virtuais, essa dinâmica se intensificou ainda mais. A todo instante, somos bombardeados por narrativas que nos convidam a investir emocionalmente em acontecimentos distantes, reforçando a sensação de que estamos, de alguma forma, envolvidos neles.

A ilusão da conquista está justamente nessa transferência de emoções, na crença de que vitórias e derrotas externas refletem méritos ou fracassos pessoais. Embora natural e historicamente consolidada, essa projeção pode nos afastar da autenticidade de nossas próprias experiências. Com o tempo, aprendemos a valorizar símbolos e representações mais do que nossas vivências diretas, o que influencia nossas relações, autoestima e percepção do mundo.

Compreender esse fenômeno é essencial para retomar o controle sobre nossas emoções e estabelecer uma relação mais equilibrada com os estímulos externos. Quando reconhecemos que muitas vezes nossa alegria e frustração não vêm de nossas próprias ações, mas de um processo de identificação simbólica, conseguimos nos libertar da armadilha emocional que nos faz sentir triunfantes ou derrotados por acontecimentos que, em última instância, pertencem a outros. Esse entendimento não significa abrir mão da paixão por esportes, cultura ou ideologias, mas sim desenvolver uma consciência maior sobre como essas identificações afetam nosso bem-estar emocional, permitindo-nos desfrutar dessas experiências sem sermos reféns de suas oscilações.

Desde os primórdios da civilização, o ser humano demonstrou uma capacidade notável de se conectar emocionalmente com entidades abstratas, símbolos e representações que vão além da esfera individual. Tribos se uniam sob a proteção de totens, nações inflamavam-se por bandeiras e ideais, e comunidades vibravam juntas em rituais e celebrações. Longe de ser um mero capricho, esse comportamento reflete um mecanismo psicológico profundo, enraizado na evolução humana e essencial para compreender a dinâmica das sociedades modernas.

Esse mecanismo, que podemos chamar de projeção emocional, ocorre quando transferimos nossos sentimentos, aspirações e medos para elementos externos. Times esportivos, celebridades, movimentos sociais e até marcas comerciais podem se tornar veículos dessa projeção. Ao nos identificarmos intensamente com um time de futebol, por exemplo, internalizamos suas vitórias e derrotas como se fossem nossas, sentindo alegria genuína nos triunfos e amargura nas derrotas. Da mesma forma, a idolatria por uma celebridade pode nos fazer vivenciar seus sucessos e fracassos como extensões de nossas próprias vidas, criando uma sensação de conexão indireta com sua trajetória.

A projeção emocional, por si só, não é algo negativo. Em suas formas mais equilibradas, pode fortalecer laços sociais, gerar senso de comunidade e proporcionar momentos de celebração coletiva. O problema surge quando essa tendência se intensifica a ponto de nos tornarmos emocionalmente dependentes de eventos e símbolos externos, ofuscando o valor de nossas próprias experiências e conquistas.

A ilusão da conquista se manifesta justamente nessa crença de que as vitórias e derrotas de entidades externas, com as quais nos identificamos, equivalem a conquistas ou fracassos pessoais. Torcedores que celebram um título esportivo como se tivessem jogado ou que se abatem profundamente após uma derrota ilustram esse fenômeno. A intensidade da emoção é real, mas sua origem está em uma projeção, em um deslocamento de sentimentos para um objeto externo que, em essência, não faz parte da vida do indivíduo.

Esse fenômeno está tão presente no cotidiano que muitas vezes passa despercebido. A paixão pelo esporte, que mobiliza multidões e provoca reações emocionais intensas, é um exemplo clássico de projeção emocional. A devoção a celebridades, transformadas em ícones de admiração e modelos a serem seguidos, segue o mesmo padrão. Movimentos políticos e sociais, que geram fervor ideológico e mobilizam seguidores, frequentemente utilizam essa projeção para fortalecer a coesão de seus membros e impulsionar suas causas.

Na era digital, essa tendência é amplificada pela mídia e pelas redes sociais. A espetacularização de eventos esportivos, a glorificação da vida de celebridades e a polarização do debate público criam um ambiente ideal para a intensificação desse mecanismo psicológico. Narrativas cuidadosamente construídas para despertar emoções no público reforçam essa tendência de projetarmos nossas emoções em símbolos externos.

Este capítulo tem como objetivo despertar no leitor a consciência de que essa dinâmica está presente em seu dia a dia, muitas vezes de forma inconsciente. O convite aqui é para refletir sobre suas próprias reações emocionais, questionar as fontes de sua alegria e tristeza e analisar até que ponto suas emoções estão sendo direcionadas para eventos e símbolos externos que, na prática, não afetam sua vida.

Ao reconhecer esse padrão, surge a chance de enxergar nossas emoções e escolhas de uma nova forma. Em vez de ficarmos à mercê das oscilações causadas por eventos externos, podemos direcionar nossa energia para experiências autênticas, construindo um senso de realização que não dependa de símbolos ou narrativas alheias. A paixão pelo esporte, a admiração por figuras públicas e o engajamento em causas sociais podem coexistir com uma consciência mais crítica, permitindo-nos desfrutar dessas conexões sem abrir mão da autonomia sobre nossas emoções.

Esse despertar não exige renunciar ao entusiasmo ou à empolgação diante do mundo, mas sim encontrar um equilíbrio saudável entre envolvimento e distanciamento. Quando entendemos que nossa identidade não precisa se apoiar em conquistas que não são realmente nossas, conseguimos investir mais tempo e energia naquilo que de fato nos enriquece e transforma. Assim, a felicidade deixa de ser um reflexo de fatores incontroláveis e passa a ser construída a partir de experiências genuínas e pessoais.

O desafio está em romper com a inércia desse condicionamento emocional e desenvolver um olhar mais atento sobre o que realmente nos define. Se reconhecermos a diferença entre pertencimento e dependência, entre envolvimento e alienação, estaremos mais próximos de uma vida emocionalmente mais estável e autêntica. Afinal, a verdadeira conquista não está em vitórias simbólicas, mas na capacidade de encontrar sentido e propósito dentro de nós.

Capítulo 2
A História do Pão e Circo

A ascensão das grandes civilizações sempre esteve ligada à necessidade de manter a ordem social e garantir a estabilidade política. Desde os primeiros impérios, governantes perceberam que o controle da população não poderia depender apenas da força militar ou de leis rigorosas. Era fundamental oferecer algo mais: um equilíbrio entre satisfação material e entretenimento, suficiente para manter as massas distraídas e conformadas, sem questionar as estruturas de poder. Essa estratégia, refinada na Roma Antiga sob o conceito de "Pão e Circo", não foi apenas uma ferramenta política, mas também um reflexo da profunda compreensão dos mecanismos psicológicos que regem o comportamento humano. O fornecimento de bens essenciais, aliado a espetáculos grandiosos, não apenas pacificava os cidadãos, mas os mantinha presos a uma ilusão de bem-estar, desviando sua atenção das questões mais urgentes do governo e da sociedade.

A política do "Pão e Circo" não surgiu por acaso, mas como uma resposta pragmática ao desafio de administrar uma sociedade vasta e diversificada. Roma era um caldeirão de culturas, onde cidadãos, estrangeiros, escravos e soldados coexistiam em uma dinâmica frágil. Manter essa estrutura funcionando exigia mais do que conquistas militares ou promessas de prosperidade. Era preciso alimentar a população e, ao mesmo tempo, oferecer uma válvula de escape emocional para que o povo extravasasse suas frustrações sem direcioná-las contra o governo. A distribuição de trigo a preços reduzidos ou gratuitamente garantia a subsistência das camadas mais pobres, enquanto os espetáculos, organizados em arenas como o Coliseu e o Circo Máximo, funcionavam como uma distração eficiente. Longe de serem meras concessões generosas, essas estratégias eram um meio calculado de manipulação social, assegurando que a população permanecesse entretida e sem motivação para contestar o poder.

    O impacto desse modelo de controle foi tão profundo que sua influência se mantém até hoje, ainda que sob novas formas. No mundo contemporâneo, as versões modernas do "Pão e Circo" continuam operando, mas adaptadas à realidade tecnológica e cultural. Governos e grandes corporações compreendem que a estabilidade social depende não apenas do atendimento às necessidades básicas, mas também da oferta constante de distrações. Se antes gladiadores sangravam na arena para entreter multidões, hoje os espetáculos esportivos, a cultura das celebridades, a indústria do entretenimento e as redes sociais cumprem esse mesmo papel, ocupando a mente e as emoções do público. A informação circula com rapidez, mas muitas vezes sem profundidade, funcionando mais como distração do que como ferramenta de conscientização. A lógica romana de transformar cidadãos em espectadores passivos se reflete nos tempos modernos, mostrando que o "Pão e Circo" não apenas sobreviveu, mas evoluiu com eficiência surpreendente.

No coração do Império Romano, um vasto território que se estendia por três continentes, Roma pulsava como uma metrópole repleta de contrastes e desafios. Era um lugar onde a opulência coexistia com a pobreza, o poder com a vulnerabilidade, e a ordem com o caos. Governar essa população diversificada exigia mais do que força militar e leis severas. Demandava uma estratégia capaz de acalmar os ânimos, desviar a atenção dos problemas e, acima de tudo, garantir a lealdade da população.

Foi nesse cenário que os líderes romanos, dotados de pragmatismo político e perspicácia estratégica, desenvolveram a fórmula do "Pão e Circo". A essência dessa estratégia estava na oferta sistemática de dois elementos essenciais para a manutenção da paz social: alimento e entretenimento. O "Pão" representava a distribuição gratuita ou subsidiada de trigo e outros alimentos básicos, garantindo a sobrevivência dos mais pobres e reduzindo o risco de revoltas por fome e privação. O "Circo" englobava uma ampla variedade de espetáculos públicos, desde lutas de gladiadores e corridas de bigas até apresentações teatrais, jogos atléticos e festividades religiosas.

Os espetáculos, realizados em arenas monumentais, reuniam multidões e ofereciam uma fuga da dura realidade cotidiana. Mais do que mero passatempo, o "Circo" era um instrumento político poderoso, capaz de moldar a opinião pública, exaltar líderes, reforçar valores culturais e, sobretudo, distrair a população dos problemas do governo. Enquanto o povo se maravilhava com os combates sangrentos, as proezas atléticas e as cerimônias suntuosas, as questões políticas complexas e as crises administrativas ficavam em segundo plano, fora do foco da atenção popular.

A distribuição de "Pão" e a promoção do "Circo" atendiam a objetivos políticos claros. Ao garantir alimento, o governo romano minimizava a insatisfação popular e reduzia a probabilidade de revoltas. Ao oferecer entretenimento gratuito e em larga escala, desviava o interesse do povo das questões mais delicadas e canalizava suas emoções para o espetáculo. Essa combinação engenhosa criava uma sensação superficial de contentamento, mantendo a população sob controle e preservando a estabilidade do regime.

Embora o "Pão e Circo" fosse uma estratégia de manipulação, ele também refletia a relação complexa entre poder e povo na Roma Antiga. Os líderes romanos entendiam que era necessário atender às necessidades básicas da população e proporcionar mecanismos de integração social e escape emocional. A distribuição de alimentos e a organização de espetáculos eram, em certa medida, uma forma de recompensa pela lealdade e participação no império.

Ainda assim, a eficácia dessa estratégia como ferramenta de controle social não pode ser subestimada. Ao longo dos séculos, o "Pão e Circo" se mostrou essencial para manter a ordem em Roma, mesmo durante períodos de crise. A habilidade dos governantes em usar alimento e entretenimento como instrumentos de governança revela uma compreensão profunda da psicologia humana e das dinâmicas sociais.

O legado dessa estratégia ultrapassou os limites da antiguidade clássica. Embora as formas de distração e controle tenham mudado ao longo da história, o princípio do "Pão e Circo" permanece surpreendentemente atual. Em diferentes períodos, governos e elites adotaram artifícios semelhantes para desviar a atenção pública, manter o status quo e preservar seus privilégios.

A história do "Pão e Circo" não se limita a um episódio da Roma Antiga, mas representa um fenômeno recorrente, que assume formas variadas ao longo do tempo. Comparar a Roma Antiga com o mundo moderno revela a permanência desse mecanismo de distração, adaptado às novas tecnologias e hábitos culturais. Hoje, a indústria do entretenimento, os esportes profissionalizados, as redes sociais e a cultura das celebridades são expansões sofisticadas desse conceito.

Se na Roma Antiga o "Circo" acontecia em arenas físicas, hoje ele se dissemina por telas de TV, smartphones e redes sociais, ocupando todos os espaços do cotidiano. O "Pão", por sua vez, vai além da distribuição de alimentos, assumindo formas como o acesso a serviços básicos e a promessa de ascensão social, ainda que muitas vezes ilusória.

A comparação entre Roma e o mundo atual mostra que, apesar das transformações culturais e tecnológicas, a essência da estratégia do "Pão e Circo" permanece intacta. A manipulação da atenção pública, o desvio do foco dos problemas reais e a criação de um contentamento artificial continuam sendo ferramentas poderosas para quem detém o poder.

A perpetuação dessa lógica levanta uma questão essencial: até que ponto as sociedades modernas estão realmente conscientes desse ciclo de distração e controle? A tecnologia expandiu exponencialmente o alcance das estratégias de entretenimento, tornando-as mais sutis e sofisticadas. O espetáculo já não se limita às arenas físicas, mas se infiltra em todos os aspectos da vida cotidiana, moldando percepções e prioridades. Enquanto multidões se voltam para os dramas de celebridades, rivalidades esportivas e sucessos virais, questões fundamentais sobre desigualdade, governança e liberdade seguem à margem das discussões coletivas.

Ainda assim, a história mostra que, por mais eficazes que sejam as estratégias de distração, elas não são infalíveis. Em momentos críticos, quando as promessas vazias do "Pão e Circo" já não bastam para conter a insatisfação, a população desperta. Roma, apesar de sua engenhosidade política, não resistiu às próprias contradições e acabou ruindo sob o peso de crises econômicas, corrupção e invasões externas. O paralelo com o presente é inevitável: até quando as sociedades modernas conseguirão sustentar um modelo que privilegia o espetáculo em vez da consciência crítica?

Olhando para o futuro, a questão não é se o "Pão e Circo" continuará existindo, mas como as sociedades reagirão a ele. A informação está mais acessível do que nunca, e aqueles que desafiam a lógica da passividade encontram novas formas de resistência e engajamento. Enquanto houver quem questione, analise e busque entender as engrenagens do poder, sempre existirá a possibilidade de romper com a inércia e assumir um papel mais ativo na construção do próprio destino.

Capítulo 3
O Cérebro e o Vício em Emoções

O cérebro humano funciona como uma máquina complexa de aprendizado e adaptação, moldada por milhões de anos de evolução para buscar prazer e evitar dor. Nossas emoções não são apenas respostas passageiras a estímulos externos, mas parte essencial de um sofisticado sistema de sobrevivência. No entanto, com a evolução da sociedade e o afastamento das condições naturais que moldaram nossa biologia, esse mesmo mecanismo emocional se tornou vulnerável a excessos, levando a padrões de comportamento comparáveis ao vício. A busca incessante por emoções intensas – positivas ou negativas – não acontece por acaso; é resultado da interação entre neurotransmissores, padrões de recompensa e a forma como o cérebro interpreta o mundo ao redor. Essa dinâmica, explorada sistematicamente pelo entretenimento e pelas estruturas sociais, mantém indivíduos e multidões imersos em ciclos emocionais que podem ser tão compulsivos quanto qualquer outro tipo de dependência.

O sistema de recompensa cerebral, que nos motiva a repetir comportamentos prazerosos, é guiado principalmente pela dopamina, neurotransmissor fundamental para a sensação de prazer e antecipação.

Originalmente, esse sistema reforçava comportamentos essenciais para a sobrevivência, como se alimentar, socializar e se reproduzir. No entanto, ele também pode ser estimulado artificialmente por experiências que não estão diretamente ligadas à nossa sobrevivência, mas que provocam sensações semelhantes de gratificação e excitação. Esportes, redes sociais, política e entretenimento operam como catalisadores dessas emoções, gerando descargas constantes de dopamina que incentivam as pessoas a retornarem repetidamente a essas atividades. A excitação da vitória, a frustração da derrota, o frenesi de uma polêmica ou a empolgação diante de uma nova tendência funcionam como gatilhos emocionais que capturam a atenção e criam ciclos de dependência psicológica, levando muitos a priorizar essas experiências em detrimento de outras áreas da vida.

Como consequência, o cérebro pode se tornar cada vez mais condicionado a buscar emoções intensas como principal fonte de estímulo, deixando de valorizar formas mais sutis e duradouras de bem-estar. Assim como o uso excessivo de substâncias químicas altera a sensibilidade do sistema de recompensa, a exposição constante a estímulos emocionais fortes pode causar uma espécie de dessensibilização, exigindo doses cada vez maiores de excitação para gerar o mesmo impacto inicial. Essa necessidade crescente por novas emoções se reflete na busca incessante por entretenimento, na obsessão por eventos esportivos, na constante verificação de redes sociais e até na forma como nos envolvemos em debates ideológicos. Para romper esse ciclo, é essencial compreender seus mecanismos e desenvolver uma relação mais equilibrada com as emoções, permitindo-nos retomar o controle sobre o que realmente nos proporciona significado e satisfação genuína.

Entender o vício em emoções exige um mergulho no funcionamento do sistema de recompensa cerebral. Imagine um intrincado circuito neuronal, composto por várias áreas cerebrais interconectadas, que se ativa em resposta a estímulos considerados benéficos ou prazerosos. Quando nos deparamos com algo que o cérebro interpreta como positivo – um alimento saboroso, uma interação social gratificante ou uma conquista pessoal –, esse circuito é acionado, desencadeando uma cascata de eventos neuroquímicos que culminam na liberação de neurotransmissores, substâncias químicas responsáveis por transmitir sinais entre os neurônios.

Entre esses neurotransmissores, a dopamina se destaca. Multifacetada e essencial para o funcionamento cerebral, ela desempenha um papel crucial em funções como controle motor, atenção, motivação e, especialmente, prazer e recompensa. Quando a dopamina é liberada, experimentamos sensações de euforia, bem-estar e satisfação, o que nos motiva a repetir os comportamentos que levaram a essa liberação. É como se o cérebro dissesse: "Isso é bom, faça de novo!".

No contexto do "Pão e Circo", a neurociência revela por que eventos externos, como jogos esportivos e espetáculos de entretenimento, exercem tamanho fascínio sobre nós. Quando alguém assiste a um jogo de futebol e se emociona com um gol, vibrando intensamente com a vitória de seu time, seu cérebro recebe uma descarga de dopamina. A excitação, a expectativa e a sensação de triunfo coletivo funcionam como gatilhos poderosos para o sistema de recompensa, inundando o cérebro com esse neurotransmissor associado ao prazer. Repetida ao longo da vida, essa experiência pode criar um padrão de busca por estímulos emocionais externos, transformando-se em um ciclo vicioso.

Curiosamente, o mesmo sistema de recompensa também é ativado diante de estímulos negativos, ainda que de maneira diferente. Quando torcedores sofrem com a derrota de seu time, a frustração e a decepção ativam áreas do cérebro ligadas à dor emocional, como o córtex cingulado anterior e a amígdala. Embora associadas ao sofrimento, essas áreas também podem ativar o sistema de recompensa, já que o cérebro busca aliviar a dor ou compreender a situação. Nesses momentos, procurar explicações, encontrar culpados ou recorrer a rituais de catarse emocional são formas de tentar restaurar o equilíbrio interno.

Vale lembrar que o sistema de recompensa não foi projetado para nos viciar em futebol, celebridades ou redes sociais. Sua função original é nos impulsionar a buscar comida, água, abrigo, parceiros sexuais e interações sociais cooperativas, essenciais para a sobrevivência e a reprodução. No entanto, a capacidade do cérebro de aprender e se adaptar às experiências o torna suscetível à manipulação por estímulos repetitivos e intensos, mesmo quando esses estímulos não estão diretamente ligados às nossas necessidades básicas.

A indústria do entretenimento compreendeu e explorou essa vulnerabilidade do cérebro com maestria. Filmes, séries, jogos, música e redes sociais são estrategicamente projetados para ativar o sistema de recompensa, oferecendo doses regulares de estímulos emocionais que mantêm o público engajado e ávido por mais. A narrativa envolvente de um filme, a identificação com personagens carismáticos, a emoção de um show, a interação social online e a competição em jogos eletrônicos funcionam como gatilhos para a liberação de dopamina, alimentando um ciclo de busca por prazer e recompensa que pode se tornar compulsivo.

Estudos recentes mostram que o entretenimento pode provocar vícios comportamentais semelhantes aos observados em jogos de azar e no uso problemático de redes sociais. Pesquisas indicam que pessoas que passam tempo excessivo consumindo conteúdo de entretenimento podem desenvolver sintomas como tolerância (necessidade de aumentar a dose para obter o mesmo efeito), abstinência (desconforto ao interromper o acesso), perda de controle (dificuldade em limitar o tempo dedicado ao entretenimento) e prejuízo em outras áreas da vida (problemas nos relacionamentos, no trabalho ou nos estudos).

A semelhança entre o vício em entretenimento e outros vícios comportamentais reside no mecanismo neurobiológico por trás de ambos: a manipulação do sistema de recompensa cerebral. Assim como drogas e jogos de azar, o entretenimento pode sequestrar os circuitos de recompensa, levando a adaptações no cérebro que aumentam sua dependência desses estímulos. A busca incessante por emoções externas, impulsionada pela liberação de dopamina, pode se tornar o foco da vida do indivíduo, obscurecendo outras fontes de prazer e satisfação mais genuínas e duradouras.

Romper esse ciclo exige um esforço consciente de reequilíbrio. Como qualquer forma de dependência, o vício em emoções intensas pode ser amenizado por meio da autorreflexão e da adoção de hábitos mais saudáveis. Desenvolver a capacidade de apreciar momentos de tranquilidade, investir em conexões interpessoais reais e buscar fontes de satisfação menos impulsivas são passos fundamentais nesse processo. Pequenas mudanças, como reduzir o tempo de exposição a estímulos artificiais, praticar a atenção plena e cultivar hobbies que proporcionem prazer de forma equilibrada, ajudam a reprogramar o cérebro para valorizar recompensas mais sutis e duradouras.

Esse processo, no entanto, não significa abrir mão das emoções ou negar sua importância na experiência humana. Pelo contrário, trata-se de resgatar a autenticidade das nossas respostas emocionais, permitindo que sejam vividas plenamente, sem a necessidade de estímulos exagerados e incessantes. A verdadeira liberdade emocional não está na busca desenfreada por prazer ou na fuga da dor, mas na habilidade de transitar entre diferentes estados emocionais com consciência e equilíbrio. Só assim é possível escapar da armadilha de uma mente constantemente refém de suas próprias compulsões.

Ao compreender os mecanismos que sustentam o vício em emoções, podemos transformar a maneira como interagimos com o mundo ao nosso redor. Em vez de permanecermos passivos diante de estratégias que exploram nossa biologia para nos manter engajados e consumindo, podemos assumir o controle sobre nossas experiências e escolhas. No fim das contas, a chave para uma vida emocionalmente mais saudável não está em eliminar as emoções intensas, mas em aprender a dosá-las, apreciando tanto o fervor de um grande momento quanto a serenidade das pequenas coisas do dia a dia.

Capítulo 4
Psicologia da Multidão

A presença em uma multidão provoca transformações sutis, mas profundas, no comportamento humano. O indivíduo, antes guiado por sua identidade e valores pessoais, passa a se integrar a um organismo coletivo, onde emoções, impulsos e decisões operam sob uma nova lógica. A psicologia da multidão busca entender essa mudança, analisando como grandes grupos moldam percepções, influenciam julgamentos e intensificam reações emocionais. O fascínio por eventos coletivos – de celebrações esportivas a manifestações políticas – revela a força dessa dinâmica, em que o sentimento de pertencimento e a energia compartilhada criam experiências intensas e, muitas vezes, imprevisíveis. A multidão não é apenas um conjunto de pessoas; é um fenômeno psicológico capaz de diluir identidades individuais, amplificar emoções e gerar comportamentos que, isoladamente, seriam improváveis ou até impensáveis.

O anonimato proporcionado pela massa favorece a chamada desindividualização, um estado psicológico no qual a autoconsciência e a responsabilidade pessoal diminuem. Esse fenômeno explica por que pessoas pacatas podem se tornar agressivas em protestos, torcedores racionais podem reagir violentamente a um jogo e plateias podem se entregar a comportamentos que normalmente evitariam. A redução da inibição individual, somada ao contágio emocional – a rápida propagação de sentimentos e reações entre os participantes – torna a multidão um ambiente altamente sugestivo. Emoções se intensificam em efeito cascata: um pequeno grupo iniciando uma manifestação entusiástica pode, em minutos, contagiar milhares, transformando um ambiente pacífico em um palco de euforia ou fúria coletiva. Esse fenômeno, longe de ser aleatório, é explorado em diversos contextos, desde campanhas políticas que inflamam paixões até estratégias de marketing que estimulam reações emocionais em massa.

 A vulnerabilidade da multidão à influência externa cria terreno fértil para líderes carismáticos, discursos inflamados e símbolos que evocam respostas emocionais imediatas. A multidão não analisa friamente; ela reage, sente e responde instintivamente. Palavras de ordem, hinos, bandeiras e gestos sincronizados reforçam a coesão do grupo e reduzem o pensamento crítico individual. Essa fusão de identidades pode tanto inspirar atos de solidariedade quanto desencadear explosões de violência. Compreender os mecanismos da psicologia da multidão é essencial para navegar em um mundo onde massas digitais e físicas são constantemente mobilizadas para diferentes fins. O desafio é equilibrar o desejo de pertencimento com a consciência crítica, canalizando a energia coletiva de forma construtiva, sem comprometer a autonomia e o discernimento individual.

A psicologia social, ao longo de décadas de pesquisa, demonstrou que o comportamento humano é profundamente influenciado pelo contexto social. Quando estamos em grupos, nossas ações, pensamentos e emoções tendem a se desviar dos padrões individuais, alinhando-se às normas coletivas. Na multidão, essa influência se intensifica exponencialmente, dando origem a fenômenos comportamentais únicos e, muitas vezes, surpreendentes.

Um dos pilares da psicologia da multidão é a ideia de que a identidade individual se dissolve no grupo. O anonimato gerado pela massa diminui a autoconsciência e a responsabilidade pessoal. O indivíduo, imerso na multidão, sente-se menos exposto ao julgamento, o que pode reduzir inibições e aumentar a impulsividade. Esse processo, conhecido como desindividualização, não significa necessariamente comportamentos destrutivos, mas favorece ações que, isoladamente, seriam atípicas ou extremas.

A perda temporária da identidade pessoal está ligada ao contágio emocional. Em grupos numerosos, as emoções se propagam rapidamente, como ondas varrendo a massa. Riso, choro, raiva e entusiasmo se espalham entre os indivíduos, amplificando-se no processo. Esse contágio é facilitado pela imitação inconsciente, um mecanismo psicológico básico que nos leva a espelhar expressões faciais, postura corporal e tom de voz dos que nos cercam. Na multidão, essa imitação se torna massiva, criando um estado emocional coletivo que domina a experiência individual.

Gustave Le Bon, um dos pioneiros no estudo da psicologia das multidões, descreveu a multidão como uma entidade psicológica distinta, dotada de características próprias, que transcendem a soma das individualidades que a compõem. Em sua obra *Psicologia das Multidões* (1895), argumentava que a multidão é irracional, impulsiva e sugestionável. Para ele, os indivíduos, ao se fundirem na massa, perdem a capacidade de pensamento crítico e racional, sendo dominados por impulsos primitivos e emoções básicas. Embora sua visão seja considerada pessimista e generalizante, suas ideias lançaram as bases para o estudo desse fenômeno complexo.

Estudos sobre o efeito de massa mostram que eventos esportivos, manifestações políticas e shows musicais são ambientes propícios para a intensificação de reações emocionais coletivas. Nos estádios de futebol, a paixão clubística, alimentada por rivalidades e identidade grupal, encontra um palco para se manifestar de forma intensa. A vitória do time do coração gera explosões de alegria e cantos uníssonos, enquanto a derrota pode resultar em frustração, raiva e até violência. Em manifestações políticas, o fervor ideológico pode levar a comportamentos apaixonados, desde protestos pacíficos até confrontos. Em shows, a comunhão em torno de um artista ou gênero musical cria um clima de euforia, amplificado pela música, dança e interação social.

A perda temporária da identidade pessoal, combinada com o contágio emocional e a diminuição da responsabilidade individual, facilita a manipulação emocional. Líderes carismáticos e oradores habilidosos exploram essas dinâmicas para influenciar opiniões, incitar paixões e direcionar comportamentos. Em eventos de massa, as pessoas tendem a seguir a opinião do grupo sem questionamento racional, aceitar sugestões sem análise crítica e agir por impulsos momentâneos. Essa suscetibilidade à manipulação emocional é um dos aspectos mais preocupantes da psicologia da multidão, especialmente em um mundo onde informação e desinformação disputam a atenção pública.

A maleabilidade psicológica da multidão pode ser usada tanto para o bem quanto para o mal. Movimentos sociais positivos mostram como a coesão coletiva gera mudanças significativas, inspirando solidariedade e ação conjunta em prol de causas nobres. No entanto, a mesma força que une também pode cegar, tornando os indivíduos vulneráveis a discursos manipuladores e reações desproporcionais. Quando a emoção se sobrepõe à razão, o discernimento se perde, e o coletivo pode ser conduzido por impulsos que dificilmente seriam aceitos individualmente.

A era digital amplificou esse fenômeno, transformando multidões físicas em massas virtuais, onde o anonimato e o contágio emocional operam com ainda mais intensidade. Redes sociais funcionam como arenas modernas, onde opiniões se espalham rapidamente, conflitos se inflamam e movimentos ganham força em questão de horas. O mesmo mecanismo que, no passado, levava multidões a aclamarem líderes carismáticos ou iniciarem revoltas nas ruas agora se manifesta por meio de curtidas, compartilhamentos e comentários inflamados. A diferença é que, no ambiente digital, a velocidade da propagação e a falta de contato físico intensificam a polarização, criando bolhas de pensamento coletivo que reforçam crenças e emoções extremas.

Diante desse cenário, a consciência crítica se torna essencial. Compreender os mecanismos da psicologia da multidão não significa rejeitar o sentimento de pertencimento, mas aprender a equilibrá-lo com autonomia e reflexão. A energia coletiva pode ser uma ferramenta poderosa, desde que guiada por discernimento e responsabilidade. Ao reconhecer como as emoções são amplificadas no coletivo e como influências externas moldam comportamentos, torna-se possível participar de grupos sem perder a individualidade. Afinal, estar entre muitos não significa deixar de ser si mesmo.

Capítulo 5
O Impacto na Identidade Individual

A identidade individual é uma construção dinâmica, moldada ao longo da vida por experiências, valores, escolhas e interações sociais. Essencialmente, representa a percepção que temos de nós mesmos, influenciada tanto por fatores internos quanto externos. No entanto, em uma sociedade hiperconectada, onde estímulos externos competem constantemente por nossa atenção, manter uma identidade sólida e autêntica torna-se um desafio cada vez maior. Muitos, sem perceber, deslocam a fonte de sua autoestima e senso de valor para fora de si mesmos, atrelando sua identidade a conquistas, ideologias ou figuras externas. Esse fenômeno, conhecido como transferência de identidade, pode comprometer o desenvolvimento pessoal, tornando a autoestima vulnerável a fatores que escapam ao controle individual.

A dependência emocional de elementos externos pode se manifestar de diversas formas. Torcedores apaixonados podem sentir que suas vidas ganham significado por meio das vitórias de um time. Admiradores de celebridades podem construir sua autoimagem a partir da identificação com figuras públicas, assimilando suas conquistas como se fossem próprias. Em contextos ideológicos, seguidores de determinados movimentos podem perder a capacidade de análise crítica ao se fundirem completamente à causa que defendem, interpretando qualquer crítica como um ataque à própria identidade. Nesses casos, a individualidade se dissolve, e o bem-estar emocional passa a depender do sucesso ou fracasso dessas entidades externas. Isso não apenas fragiliza a autoestima, tornando-a instável e reativa, mas também pode levar à frustração, à sensação de impotência e a uma visão distorcida da própria vida.

Reconstruir uma identidade forte e equilibrada exige reflexão e realinhamento interno. É necessário voltar o foco para o autoconhecimento, valorizando as próprias conquistas e investindo no desenvolvimento de habilidades e propósitos genuínos. Fortalecer a identidade envolve aceitar vulnerabilidades e limitações sem que isso leve à autodepreciação. Buscar fontes de satisfação e realização baseadas no esforço pessoal, em vez de eventos externos imprevisíveis, permite construir uma autoestima mais estável e resiliente. Ao compreender os mecanismos da transferência de identidade e suas consequências, é possível adotar uma postura mais consciente e autônoma diante do mundo, cultivando uma identidade que não dependa das circunstâncias externas, mas reflita verdadeiramente quem se é.

Em um mundo saturado de estímulos externos, a tentação de definir o próprio valor com base em realizações alheias se torna particularmente forte. Muitas pessoas, ainda que inconscientemente, tentam preencher um vazio interior ou compensar uma baixa autoestima projetando suas aspirações em times esportivos, celebridades, figuras políticas ou movimentos sociais. Ao se tornarem torcedores fervorosos de um clube de futebol, por exemplo, podem internalizar as vitórias e derrotas da equipe como se fossem suas, atribuindo a si mesmas um senso de valor e pertencimento derivado do desempenho do time. Da mesma forma, a idolatria por uma figura pública pode levar à identificação excessiva com seus feitos e trajetória, moldando a autoimagem e as aspirações pessoais em função de um modelo externo e, muitas vezes, inatingível.

Esse fenômeno ocorre quando o indivíduo desloca o centro de sua autoavaliação para fora de si, ancorando sua autoestima e senso de valor em conquistas e atributos que não lhe pertencem diretamente. Em vez de cultivar qualidades internas, desenvolver habilidades pessoais e perseguir metas autênticas, passa a definir seu valor com base na performance de um time, no sucesso de uma celebridade ou na ascensão de um movimento ideológico. Assim, felicidade e autoestima se tornam reféns de eventos externos e incontroláveis, sujeitas a oscilações imprevisíveis.

Os danos psicológicos dessa transferência de identidade podem ser profundos. Em primeiro lugar, a autoestima torna-se instável e vulnerável, oscilando conforme o desempenho da entidade externa idolatrada. Vitórias e sucessos podem gerar euforia e autossatisfação, enquanto derrotas e fracassos podem mergulhar o indivíduo em frustração e desvalorização.

Essa montanha-russa emocional, impulsionada por fatores externos, pode gerar ansiedade, irritabilidade e uma sensação crônica de instabilidade.

Além disso, essa dependência pode prejudicar a capacidade de lidar com fracassos e desafios pessoais. Quando a autoestima está ancorada em conquistas alheias, qualquer revés pessoal se torna ainda mais difícil de suportar. Se o valor próprio depende do sucesso, o fracasso pode ser interpretado como prova de incompetência ou falta de valor. Essa dificuldade em lidar com perdas pode levar ao medo de arriscar, à evitação de desafios e a um ciclo de autossabotagem, no qual o indivíduo se impede de buscar seus próprios objetivos e explorar seu potencial.

A comparação constante com modelos externos idealizados, como celebridades e figuras públicas, também contribui para a erosão da autoestima e o enfraquecimento da identidade individual. Mídia e redes sociais exibem versões idealizadas e muitas vezes irreais da vida, promovendo padrões de beleza, sucesso e felicidade inatingíveis para a maioria. A exposição contínua a essas narrativas pode gerar sentimentos de inadequação, inveja e autocrítica, corroendo a confiança em si mesmo e dificultando a aceitação da própria individualidade.

A dependência emocional de eventos externos, alimentada pela transferência de identidade, pode levar ao descuido com a própria vida, as relações interpessoais e o crescimento pessoal. Pessoas excessivamente envolvidas com torcidas organizadas, fã-clubes ou movimentos ideológicos extremos podem dedicar uma parcela desproporcional de seu tempo e energia a essas atividades, negligenciando estudos, trabalho, família e amigos. Com o tempo, a vida pessoal passa a girar em torno dessas paixões externas, que, embora intensas, não contribuem para o desenvolvimento individual ou a realização de propósitos autênticos.

Para evitar os danos da transferência de identidade, é fundamental voltar a atenção para dentro, cultivando qualidades pessoais, desenvolvendo habilidades e perseguindo metas próprias. Valorizar conquistas individuais, reconhecer a singularidade da própria trajetória e construir uma autoestima sólida e resiliente, baseada em valores internos e não na validação externa, são passos essenciais. O fortalecimento da identidade passa pela aceitação das próprias imperfeições, pelo reconhecimento dos talentos e pela busca de um propósito de vida alinhado com os valores e aspirações mais profundas.

Reconstruir uma identidade sólida é um processo contínuo de reflexão e autoconhecimento. Isso não significa abandonar paixões, mas compreender que elas não podem ser a única base da autoestima e do senso de valor pessoal. A verdadeira segurança emocional surge ao aprender a celebrar vitórias externas sem que elas definam quem se é e a enfrentar fracassos sem que abalem a própria essência. Somente ao desenvolver essa independência emocional é possível equilibrar o envolvimento com o mundo externo e o cultivo de uma identidade autêntica.

Além disso, assumir o protagonismo da própria vida exige uma nova forma de lidar com desafios e frustrações. Em vez de buscar validação em figuras externas ou conquistas alheias, é essencial estabelecer metas pessoais e valorizar pequenos avanços individuais. O crescimento real acontece quando a motivação vem de dentro, e não da necessidade de se espelhar em modelos idealizados. Esse processo, embora desafiador, fortalece a resiliência emocional e permite uma vida mais satisfatória, guiada por escolhas genuínas, não por dependências emocionais inconscientes.

No fim, construir uma identidade forte e equilibrada passa por reconhecer a própria individualidade em meio ao turbilhão de influências externas. A identidade não precisa ser uma resposta ao mundo, mas uma expressão autêntica de quem se é. Ao redescobrir o próprio valor, independente de fatores externos, cria-se uma relação mais saudável com o mundo, onde paixões e interesses deixam de ser âncoras emocionais e se tornam parte da jornada de autodescoberta e crescimento.

Capítulo 6
O Poder das Narrativas

As narrativas desempenham um papel central na experiência humana, sendo um dos meios mais poderosos de comunicação, aprendizado e transmissão de valores ao longo da história. Desde as primeiras civilizações, mitos e contos foram usados para explicar fenômenos naturais, estabelecer normas sociais e fortalecer a identidade coletiva de povos e comunidades. Mais do que simples relatos, as histórias moldam a percepção do mundo e influenciam profundamente emoções, crenças e comportamentos. No cenário contemporâneo, onde a mídia e o entretenimento exercem uma influência predominante na vida cotidiana, as narrativas evoluíram para se tornar ferramentas sofisticadas de engajamento emocional e persuasão. Com técnicas avançadas de storytelling, a indústria da informação e do entretenimento cria histórias envolventes que capturam a atenção do público, despertam reações intensas e fomentam identificações profundas. Esse fenômeno impacta diretamente a maneira como as pessoas interpretam a realidade e interagem com o mundo ao seu redor.

A capacidade das narrativas de gerar imersão e identificação emocional não é apenas reflexo da criatividade humana, mas também um mecanismo de influência social e psicológica amplamente estudado. Quando uma história é bem construída, ativa áreas do cérebro responsáveis pelo processamento emocional e pela empatia, fazendo com que o público se sinta parte da experiência narrada. Essa conexão pode ser tão intensa que, muitas vezes, a linha entre ficção e realidade se torna tênue. Seja por meio de livros, filmes, séries, discursos políticos ou eventos esportivos, as histórias promovem um senso de pertencimento e significado que pode ser altamente mobilizador. No entanto, essa mesma força que permite às narrativas inspirar, educar e entreter também pode ser usada para manipular, desviando a atenção do público de questões essenciais e reforçando crenças limitantes ou polarizações artificiais. O uso deliberado de narrativas emocionais para influenciar comportamentos e opiniões é uma das estratégias mais eficazes da comunicação de massa, garantindo engajamento contínuo e lealdade do público.

    Diante da onipresença das narrativas na sociedade contemporânea, torna-se fundamental desenvolver um olhar crítico sobre os discursos e histórias que consumimos diariamente. Ao reconhecer as técnicas narrativas usadas para despertar emoções e criar identificação, é possível diferenciar histórias que ampliam a percepção de mundo daquelas que apenas reforçam padrões de pensamento e comportamento preestabelecidos. Compreender o poder das narrativas não significa rejeitá-las, mas sim interpretá-las de maneira consciente, evitando ser conduzido por discursos que servem a interesses externos. Dessa forma, é possível não apenas apreciar boas histórias, mas também usar o conhecimento sobre storytelling para criar narrativas próprias, baseadas em autenticidade, reflexão e autonomia.

A essência de uma narrativa está em sua capacidade de nos transportar para outro tempo, outro lugar, outra perspectiva. Boas histórias nos envolvem, nos fazem sentir parte da trama, nos conectam emocionalmente aos personagens e nos levam a vivenciar, ainda que indiretamente, suas alegrias, tristezas, desafios e triunfos. Essa imersão e identificação são pilares fundamentais do poder das narrativas. Ao nos reconhecermos em personagens e situações fictícias, projetamos nossas próprias emoções e aspirações em suas jornadas, experimentando um senso de participação emocional que pode ser profundamente envolvente.

A mídia e o entretenimento compreendem essa dinâmica e a exploram de forma sistemática. Seja na televisão, nos esportes, no cinema, nos jogos ou nas redes sociais, há um esforço deliberado para transformar eventos e figuras públicas em narrativas cativantes, capazes de despertar sentimentos profundos e garantir engajamento contínuo. Essa estratégia de construção de narrativas emocionais é um dos principais mecanismos de manutenção do fenômeno do "Pão e Circo" na atualidade.

Uma das técnicas mais eficazes nessa construção é a criação de heróis e vilões. Histórias envolventes geralmente se estruturam em torno de personagens arquetípicos que representam forças opostas, personificando o bem e o mal, a virtude e o vício, o sucesso e o fracasso. No esporte, isso se evidencia na construção de rivalidades entre times e atletas, transformando competições em duelos épicos. Na política, o debate público muitas vezes se apoia em narrativas polarizadas, onde líderes e partidos são retratados como salvadores ou ameaças. No cinema e na televisão, a figura do herói justiceiro e do vilão cruel são arquétipos recorrentes que ressoam com o público, despertando emoções de admiração, repúdio, esperança e medo.

Outra ferramenta poderosa na construção de narrativas cativantes é a polarização emocional. Ao apresentar situações e personagens como opostos irreconciliáveis, a mídia e o entretenimento intensificam o engajamento emocional do público. A polarização estimula a identificação com um dos lados da narrativa e a rejeição do outro, criando um senso de pertencimento e oposição extremamente mobilizador. No contexto político, isso divide a sociedade em campos opostos, alimentando rivalidades e conflitos que desviam a atenção de questões mais complexas. No esporte, a rivalidade entre torcidas e clubes é explorada ao máximo, garantindo fidelidade e audiência.

As narrativas emocionais, ao despertarem sentimentos intensos de alegria, tristeza, raiva, medo, esperança e pertencimento, podem gerar um forte senso de identificação e engajamento. Quando nos emocionamos com a vitória de um time, com a jornada de um herói fictício ou com o discurso inflamado de um líder político, sentimos como se estivéssemos participando ativamente daquela história, como se nossas emoções e apoio fossem determinantes no desenrolar dos acontecimentos. Essa ilusão de participação é um dos mecanismos psicológicos que mantêm o público emocionalmente envolvido, afastando-o de questões mais relevantes que realmente impactam sua vida.

A repetição constante de narrativas emocionais na mídia e no entretenimento pode criar um ciclo de dependência, no qual o indivíduo busca cada vez mais estímulos externos para preencher um vazio interior ou suprir a falta de propósito. A busca incessante por emoções intensas, por meio do consumo de histórias envolventes, pode se tornar uma forma de escapismo, uma maneira de evitar o confronto com desafios pessoais e questões existenciais. Essa dependência emocional de narrativas externas pode obscurecer a necessidade de construirmos nossas próprias histórias de vida, baseadas em nossos valores, objetivos e experiências autênticas.

Reconhecer como as narrativas influenciam nossas emoções e percepções não significa rejeitá-las, mas usá-las com consciência. Entender como moldam nossa visão de mundo nos torna consumidores mais críticos e narradores mais responsáveis. Em vez de apenas absorver discursos prontos, passamos a questioná-los, identificando suas intenções, efeitos e o impacto que exercem sobre nossas crenças e decisões. Assim, evitamos cair na armadilha da manipulação e da alienação, transformando a experiência narrativa em um instrumento de aprendizado e reflexão.

Mais do que apenas receber passivamente as histórias que nos contam, temos a chance de criar e compartilhar nossas próprias. Cada pessoa carrega uma trajetória única, cheia de desafios, descobertas e transformações, e dar voz a essa vivência é uma forma poderosa de exercer autonomia e significado. Quando nos tornamos protagonistas de nossas próprias narrativas, deixamos de depender dos enredos que nos impõem e passamos a construir histórias autênticas, alinhadas com nossas verdades e propósitos.

O verdadeiro poder das narrativas não está apenas em sua capacidade de emocionar e engajar, mas também na possibilidade de libertação e autoconhecimento que oferecem. Em vez de nos perdermos em histórias alheias, podemos usar essa compreensão para dar sentido à nossa própria jornada, escrevendo um enredo que reflita nossos valores e aspirações e inspire outros a fazerem o mesmo.

Capítulo 7
O Uso Político da Emoção

A política sempre esteve profundamente ligada às emoções humanas, pois é por meio delas que se constroem laços de pertencimento, mobilização e engajamento coletivo. Desde os primórdios das civilizações, governantes e líderes compreenderam que controlar as emoções das massas é uma ferramenta poderosa para consolidar a autoridade e manter o domínio sobre a sociedade. Medo, esperança, raiva e patriotismo são algumas das emoções frequentemente exploradas para direcionar comportamentos e moldar percepções. No cenário contemporâneo, essa dinâmica não apenas persiste, mas se torna ainda mais sofisticada com os avanços das tecnologias de comunicação e das estratégias midiáticas. Emoções são manipuladas para amplificar narrativas, direcionar debates e influenciar decisões políticas, tornando a esfera pública um ambiente cada vez mais suscetível a reações impulsivas e polarizações acentuadas.

Quando usada estrategicamente, a emoção transforma a política em um espetáculo, onde argumentos racionais cedem espaço para discursos inflamados, símbolos marcantes e narrativas maniqueístas. O advento das redes sociais e dos veículos de comunicação de massa potencializou esse fenômeno, permitindo que mensagens carregadas de emoção se espalhem com impressionante rapidez. Campanhas eleitorais, por exemplo, não se baseiam apenas em propostas concretas, mas, sobretudo, em slogans impactantes, imagens emblemáticas e discursos que despertam sentimentos profundos nos eleitores. Essa estratégia não apenas prende a atenção do público, mas também o mantém em ciclos contínuos de indignação, esperança ou temor, tornando-o mais suscetível a manipulações e menos propenso à análise crítica e ponderada dos fatos. O engajamento emocional supera a razão, fazendo com que a política se assemelhe cada vez mais ao entretenimento, onde o espetáculo se sobrepõe ao conteúdo e a reação imediata substitui a reflexão aprofundada.

A polarização extrema, um dos efeitos mais marcantes da exploração política das emoções, alimenta rivalidades e inviabiliza o diálogo construtivo entre diferentes perspectivas. Quando a política se torna um campo de batalha emocional, as pessoas deixam de avaliar argumentos de forma objetiva e passam a reagir visceralmente, reforçando suas crenças e rejeitando qualquer visão contrária. Esse cenário beneficia líderes que exploram a divisão social para consolidar poder, ao mesmo tempo que enfraquece a capacidade da sociedade de debater e solucionar problemas de forma eficaz. Para resistir a essa dinâmica, é essencial desenvolver um pensamento crítico capaz de identificar e questionar as estratégias emocionais usadas na política, promovendo uma postura mais consciente e informada diante das narrativas que nos cercam.

Assim como a indústria do entretenimento domina a arte de construir narrativas emocionais para cativar o público, a política contemporânea se vale das mesmas técnicas para engajar eleitores, mobilizar militâncias e moldar a opinião pública. A linha que separava o espetáculo da seriedade da política tornou-se cada vez mais tênue, dando lugar a um cenário híbrido onde a emoção é a principal moeda de troca. Campanhas políticas, discursos de líderes, debates públicos e até mesmo a cobertura midiática de eventos políticos frequentemente se assemelham a espetáculos de entretenimento, priorizando o impacto emocional em detrimento da argumentação racional e do debate ponderado.

Um dos mecanismos mais eficazes de manipulação emocional na política é a exploração do fanatismo e da polarização. O fanatismo, por definição, é uma adesão cega e irracional a uma causa, ideologia ou liderança, marcada pela intolerância à crítica, pela exaltação apaixonada e pela disposição de defender seus ídolos a qualquer custo. A política, assim como o esporte e a religião, oferece terreno fértil para o fanatismo, especialmente quando líderes e partidos utilizam identidades grupais, rivalidades históricas e medos coletivos para fortalecer seu apoio e criar um senso de pertencimento exclusivo.

Já a polarização funciona dividindo a sociedade em campos opostos e irreconciliáveis, intensificando rivalidades e alimentando conflitos. No meio político, essa estratégia se manifesta na oposição radical entre ideologias, partidos e grupos sociais, criando um ambiente de animosidade e desconfiança. Líderes e partidos frequentemente recorrem à polarização para fortalecer sua base, demonizando adversários e apresentando-se como a única solução possível para o país. Embora eficiente para mobilizar eleitores e consolidar poder, essa abordagem enfraquece o debate público, dificulta a busca por soluções consensuais e ameaça a coesão social.

A semelhança entre o fervor político e o fanatismo esportivo é notável. Em ambos os casos, a paixão cega obscurece a razão, a crítica e a objetividade. Torcedores fanáticos defendem seus times com a mesma veemência e intolerância com que militantes ideológicos defendem suas crenças políticas. A derrota de um time ou a ascensão de um partido adversário são vivenciadas como tragédias pessoais, gerando reações passionais que muitas vezes ultrapassam os limites da civilidade e do bom senso. Essa equivalência entre fanatismo esportivo e político evidencia a natureza emocional da adesão a grupos e ideologias, sejam eles ligados ao esporte ou à política.

Exemplos históricos e contemporâneos desse fenômeno são abundantes. Regimes totalitários do século XX, como o nazismo e o fascismo, exploraram o fanatismo ideológico e o culto à personalidade para mobilizar as massas e consolidar o poder. Campanhas de propaganda, desfiles grandiosos, discursos inflamados e a demonização de minorias foram usados para criar um estado de histeria coletiva e fervor patriótico, suprimindo a oposição e silenciando vozes críticas. No mundo atual, o crescimento do populismo e do extremismo político em diversas partes do mundo também se alimenta da exploração de emoções primárias, como medo, raiva e ressentimento, criando um clima de polarização e intolerância que ameaça a democracia e a convivência pacífica.

Campanhas políticas contemporâneas são meticulosamente estruturadas para ativar emoções intensas nos eleitores, utilizando técnicas de marketing, propaganda e comunicação persuasiva similares às da indústria do entretenimento. Pesquisas de opinião, grupos focais e análise de dados ajudam a identificar os temas e mensagens que mais ressoam com o público, explorando seus medos, desejos e aspirações. Discursos, propagandas eleitorais, debates televisivos e publicações em redes sociais são cuidadosamente elaborados para gerar impacto emocional, com linguagem emotiva, imagens marcantes, músicas e slogans que apelam aos sentimentos, deixando a razão em segundo plano.

A repetição exaustiva de mensagens simplistas e polarizadas, a personificação da política em torno de figuras carismáticas e a criação de narrativas maniqueístas são estratégias comuns em campanhas eleitorais. O objetivo é gerar comoção e engajamento emocional, impedindo que as pessoas analisem racionalmente os fatos, propostas e argumentos. Em vez de votar com base na avaliação de programas de governo e competências dos candidatos, muitos eleitores são guiados por emoções, identificação com líderes ou aversão a adversários.

O uso político da emoção não se limita aos períodos eleitorais. Governantes e partidos recorrem continuamente a estratégias de manipulação emocional para manter o apoio popular, desviar a atenção de problemas urgentes e neutralizar críticas e oposição. Eventos coreografados, declarações polêmicas, ataques retóricos e a disseminação de desinformação são ferramentas para manter a população em constante estado de comoção e engajamento emocional, dificultando a reflexão crítica e o debate qualificado.

Diante desse cenário, é fundamental adotar uma postura crítica e reflexiva para não sermos apenas espectadores desse espetáculo emocional, mas sim agentes conscientes no debate político. A emoção, quando bem direcionada, pode impulsionar transformações sociais positivas, mas, quando manipulada, vira um instrumento de controle e alienação. Identificar as estratégias usadas para capturar e direcionar sentimentos permite que cada indivíduo tome decisões políticas mais fundamentadas, baseadas não só no que ressoa emocionalmente, mas também em princípios, valores e uma análise racional dos fatos.

O desafio está em equilibrar emoção e razão no envolvimento político. A indignação diante de injustiças e a esperança por um futuro melhor são combustíveis legítimos para a ação social, mas é preciso evitar que esses sentimentos sejam explorados para nos transformar em peças de um jogo de poder. A política não pode se resumir a paixões inflamadas ou rivalidades cegas, pois a verdadeira mudança acontece no diálogo, na negociação e na construção coletiva de soluções.

Quanto mais compreendermos os mecanismos emocionais em jogo, menos seremos manipulados por discursos carregados de medo ou ódio e mais poderemos exercer nossa cidadania com responsabilidade.

A emancipação política passa, portanto, pela capacidade de enxergar além das narrativas emocionais que nos apresentam, desenvolvendo um olhar mais amplo e questionador. Quando deixamos de ser apenas reativos e nos tornamos participantes conscientes do processo político, rompemos o ciclo da manipulação e abrimos espaço para um debate mais autêntico e construtivo. Assim, a política pode voltar a ser um campo de reflexão e transformação genuína, em vez de um espetáculo onde emoções são exploradas para consolidar poder e perpetuar divisões artificiais.

Capítulo 8
O Efeito Manada

A tendência humana de seguir o comportamento da maioria, muitas vezes sem questionamento racional, está profundamente enraizada na psicologia social e influencia significativamente nossas decisões individuais e coletivas. O efeito manada ocorre quando indivíduos adotam crenças ou comportamentos simplesmente porque observam outras pessoas fazendo o mesmo, sem necessariamente compreender as razões por trás dessas ações. Esse fenômeno, amplamente estudado em áreas como economia e sociologia, não é apenas reflexo do instinto de sobrevivência, mas também um mecanismo de adaptação social que pode tanto facilitar a cooperação quanto levar a escolhas irracionais e perigosas. O desejo de pertencimento e a aversão ao isolamento social levam as pessoas a alinhar suas atitudes com as do grupo, gerando padrões de comportamento coletivo que variam em intensidade e impacto, dependendo do contexto.

A influência do efeito manada é especialmente visível em momentos de incerteza ou crise, quando as pessoas buscam segurança na validação social. Diante de situações ambíguas, com informações limitadas ou contraditórias, a tendência natural é observar os outros para decidir como agir. Esse mecanismo pode ser útil quando o comportamento coletivo se baseia em decisões bem informadas, mas também pode gerar consequências negativas quando o grupo é guiado por impulsos emocionais ou informações incorretas. No mercado financeiro, por exemplo, o efeito manada pode alimentar bolhas especulativas ou quedas bruscas, à medida que investidores compram ou vendem ativos apenas porque outros estão fazendo o mesmo. Em crises, como desastres naturais ou pânicos coletivos, seguir a multidão sem avaliação crítica pode resultar em decisões precipitadas e, em alguns casos, prejudiciais à segurança individual e coletiva.

Embora o efeito manada seja um fenômeno inevitável da vida em sociedade, é essencial equilibrar a necessidade de pertencimento com a capacidade de pensamento crítico. Questionar padrões de comportamento, buscar fontes de informação diversas e exercer a autonomia intelectual são atitudes fundamentais para evitar os riscos da conformidade cega. O fortalecimento da educação, da consciência social e da responsabilidade individual ajuda a reduzir a vulnerabilidade a influências externas e garante que as escolhas sejam feitas com base em reflexão e conhecimento, e não apenas na imitação do comportamento alheio. Compreender o efeito manada nos permite enxergar além das dinâmicas de grupo e agir com mais discernimento em um mundo onde a informação e a influência coletiva desempenham um papel cada vez mais central.

No cerne do efeito manada está a necessidade humana de aceitação social, um impulso intrínseco à nossa natureza. Desde os primórdios da humanidade, a sobrevivência dependia da coesão e cooperação dentro dos grupos. Indivíduos isolados enfrentavam maiores dificuldades para encontrar recursos e proteção, tornando-se presas fáceis. Assim, a capacidade de se integrar, conformar-se às normas sociais e ser aceito pela comunidade tornou-se uma vantagem evolutiva essencial. Essa predisposição inata à conformidade social, moldada por milhões de anos de evolução, ainda ecoa em nosso comportamento atual, levando-nos a buscar aprovação e evitar o isolamento ou a rejeição.

O efeito manada acontece quando essa necessidade de aceitação social se sobrepõe ao pensamento crítico individual. Em contextos de incerteza, ambiguidade ou pressão social, as pessoas tendem a observar e imitar o comportamento dos outros para orientar suas próprias ações. Se um grande número de indivíduos adota determinada crença, comportamento ou emoção, outros podem sentir-se compelidos a segui-los, mesmo sem entender completamente as razões por trás dessa escolha coletiva. Essa adesão ao comportamento da maioria pode ser consciente ou inconsciente, impulsionada pelo desejo de se encaixar, evitar o ostracismo e se sentir parte do grupo.

A influência do efeito manada é particularmente forte em cenários sociais ambíguos ou complexos, onde a informação é escassa ou contraditória. Em momentos de crise, pânico ou euforia coletiva, a racionalidade individual pode ser rapidamente suprimida pela pressão do grupo, levando a comportamentos impulsivos e irracionais. No mercado financeiro, por exemplo, esse fenômeno pode intensificar bolhas especulativas e crises econômicas, com investidores agindo de forma precipitada, movidos pelo medo de perder oportunidades ou pela histeria coletiva. Em situações de emergência, como incêndios ou desastres naturais, o efeito manada pode desencadear fugas desordenadas e perigosas, com indivíduos seguindo a multidão sem avaliar racionalmente as melhores rotas de escape ou estratégias de segurança.

O efeito manada também influencia modismos, tendências culturais e movimentos sociais. Quando um produto, estilo de vestimenta, música ou ideia ganha popularidade, essa tendência pode se amplificar rapidamente, levando à adesão massiva, muitas vezes sem reflexão crítica. Em torcidas organizadas, por exemplo, esse fenômeno se manifesta na uniformização de comportamentos, cânticos e reações emocionais, reforçando um forte senso de identidade grupal. Em protestos e manifestações políticas, a participação pode ser impulsionada pelo envolvimento emocional do grupo, levando indivíduos inicialmente hesitantes a se engajarem devido à adesão massiva de outras pessoas. No âmbito cultural e social, o efeito manada pode acelerar mudanças e transformações, ampliando a influência de ideias e valores.

É importante reconhecer que, embora possa levar a comportamentos irracionais e impulsivos, o efeito manada também tem uma função adaptativa. Em ambientes sociais complexos, seguir a maioria pode ser uma estratégia eficiente para economizar tempo e energia na tomada de decisões. Quando a informação é limitada ou o tempo é curto, confiar no julgamento coletivo pode ser mais prático do que realizar uma análise individual detalhada. Além disso, o efeito manada pode fortalecer a coesão social, promover a cooperação e facilitar a coordenação de ações em grupos, fatores essenciais para a sobrevivência e o sucesso das comunidades humanas.

No entanto, a dependência excessiva do efeito manada pode levar à perda da individualidade, à supressão do pensamento crítico e à vulnerabilidade à manipulação social. Indivíduos que seguem a multidão sem reflexão tornam-se mais suscetíveis a crenças infundadas, boatos, desinformação e propaganda. Líderes e grupos de interesse podem explorar esse fenômeno para manipular a opinião pública, direcionar comportamentos coletivos e consolidar poder. A disseminação de notícias falsas e informações distorcidas em redes sociais, por exemplo, frequentemente se beneficia desse mecanismo, à medida que conteúdos são compartilhados sem verificação, impulsionados pela crença de que a popularidade indica credibilidade.

Desenvolver uma consciência crítica diante do efeito manada é essencial para equilibrar a necessidade de pertencimento com a autonomia intelectual. Questionar tendências, analisar informações de forma independente e resistir à pressão social são habilidades fundamentais para evitar que a busca por aceitação nos leve a escolhas impensadas. Em um mundo onde a velocidade da informação muitas vezes supera sua veracidade, saber diferenciar adesão impulsiva de decisão consciente torna-se um diferencial crucial para preservar a integridade do pensamento individual.

Além disso, reconhecer nossa inclinação natural a seguir a maioria permite que esse fenômeno seja usado de forma construtiva. O mesmo efeito que pode espalhar desinformação ou estimular comportamentos irracionais também pode ser direcionado para impulsionar mudanças sociais positivas. Quando indivíduos críticos e informados influenciam grupos com ética e transparência, criam-se ondas de transformação baseadas na razão e na cooperação, em vez do mero contágio emocional. Assim, a consciência coletiva se fortalece sem que a individualidade seja sacrificada.

No fim, lidar com o efeito manada não significa rejeitá-lo completamente, mas compreender seus mecanismos e aprender a navegá-los com discernimento. Em vez de reagir automaticamente ao que a maioria faz, podemos nos tornar observadores atentos e participantes ativos da sociedade, equilibrando instinto e reflexão. Dessa forma, transformamos o impulso de seguir o grupo em uma escolha deliberada e consciente, garantindo que nossas ações expressem não apenas o desejo de pertencimento, mas também valores e convicções genuínos.

Capítulo 9
As Redes Sociais e a Nova Arena

A ascensão das redes sociais foi uma das transformações mais profundas da era digital, mudando a forma como as pessoas se comunicam, consomem informações e interagem com o mundo. Antes, a comunicação de massa era centralizada em veículos tradicionais como jornais, rádio e televisão. Com a internet, esse processo se descentralizou, permitindo que qualquer indivíduo se tornasse emissor de conteúdo. No entanto, essa democratização da informação trouxe desafios significativos, transformando as redes sociais não apenas em ferramentas de conexão, mas também em arenas de disputa por atenção, onde a lógica do engajamento se sobrepõe à do conhecimento. A velocidade com que as informações circulam, somada aos algoritmos que favorecem conteúdos carregados de emoção, criou um ambiente onde indignação, entretenimento efêmero e polarização são amplificados, afastando a atenção de debates mais profundos e reflexivos.

O design dessas plataformas não é acidental, mas pensado para maximizar o tempo de permanência dos usuários e estimular interações constantes. Os algoritmos priorizam conteúdos que despertam reações intensas, sejam positivas ou negativas. Quanto mais engajamento um conteúdo gera — na forma de curtidas, comentários ou compartilhamentos —, maior sua visibilidade. Isso significa que publicações que exploram emoções fortes, como medo, raiva ou euforia, se espalham rapidamente, enquanto informações mais equilibradas e reflexivas tendem a ficar em segundo plano. Esse mecanismo cria ciclos viciantes de consumo de conteúdo, incentivando reações impulsivas, muitas vezes sem verificação da veracidade das informações ou ponderação sobre suas implicações. Assim, as redes sociais se tornam não apenas veículos de comunicação, mas também instrumentos de manipulação emocional, influenciando percepções e comportamentos de maneira sutil e contínua.

    Essa nova dinâmica digital reforça a lógica do espetáculo e do entretenimento, lembrando o conceito de "Pão e Circo" da Roma Antiga. Se no passado os grandes coliseus serviam para distrair a população, hoje as redes sociais cumprem esse papel, oferecendo um fluxo incessante de conteúdos que capturam a atenção e desviam o foco de questões mais relevantes. Discussões acaloradas sobre temas triviais, polêmicas fabricadas e a constante busca por validação social substituem debates substanciais, fragmentando o discurso público. Para escapar dessa armadilha, é essencial desenvolver uma relação mais consciente com essas plataformas, questionando seus mecanismos e buscando formas de consumo de informação que priorizem reflexão crítica e conhecimento verdadeiro, em vez de simples reações emocionais imediatas.

Compreender o impacto das redes sociais no contexto do "Pão e Circo" exige analisar seu funcionamento e a maneira como moldam nossa experiência online. Essas plataformas são, essencialmente, espaços virtuais de interação, onde indivíduos podem se conectar, compartilhar informações, expressar opiniões, construir comunidades e participar de debates públicos. A conectividade global e instantânea, aliada à facilidade de produção e disseminação de conteúdo, deu às redes sociais um poder de influência sem precedentes na sociedade contemporânea.

Entretanto, a aparente democratização da informação e a promessa de conexão social coexistem com mecanismos que podem acentuar distração, polarização e manipulação emocional. Buscando engajamento e receita publicitária, as plataformas utilizam algoritmos que priorizam conteúdos que geram reações extremas. Essa lógica, diretamente ligada ao modelo de negócios das redes sociais, cria um ciclo vicioso de busca por atenção, em que conteúdos sensacionalistas, polêmicos e carregados de emoção tendem a se destacar e viralizar, enquanto informações mais relevantes, debates ponderados e conteúdos mais densos acabam relegados a segundo plano.

As redes sociais, nesse sentido, tornaram-se verdadeiras arenas digitais, onde a atenção é a moeda mais valiosa e a competição por ela é implacável. Assim como o Coliseu romano reunia multidões para espetáculos sangrentos e emocionantes, as redes sociais atraem bilhões de usuários diariamente, oferecendo um fluxo contínuo de estímulos sensoriais e emocionais que competem ferozmente por atenção. Nessa nova arena digital, a lógica do espetáculo e do entretenimento se intensifica, e a busca por emoções instantâneas e gratificação imediata muitas vezes se sobrepõe à busca por informação relevante, conhecimento aprofundado e reflexão crítica.

O design dessas plataformas e sua dinâmica algorítmica criam ciclos de engajamento emocional intensos e persistentes. No Twitter, por exemplo, a efemeridade das mensagens e a velocidade do fluxo de informações incentivam debates acalorados, discussões polarizadas e reações impulsivas a eventos e notícias. O Facebook, com seu foco em conexões pessoais e grupos temáticos, amplifica o compartilhamento de opiniões e emoções dentro de círculos sociais homogêneos, reforçando o viés de confirmação e a polarização ideológica. O Instagram, com sua ênfase em imagens e vídeos curtos e impactantes, explora o apelo visual e a gratificação instantânea, criando um ambiente propício à comparação social, à busca por validação externa e à disseminação de estilos de vida idealizados e muitas vezes irreais. O TikTok, com seus vídeos curtos e virais, impulsionados por algoritmos altamente personalizados, intensifica o consumo de entretenimento rápido e superficial, gerando um ciclo vicioso de distração constante.

Nesses ciclos de engajamento emocional, as pessoas frequentemente se envolvem em discussões acaloradas e reações passionais a eventos e notícias que, muitas vezes, não compreendem totalmente ou que não afetam diretamente suas vidas. A velocidade do fluxo de informações, a superficialidade dos conteúdos e a pressão social para participar de debates e expressar opiniões contribuem para ciclos de comoção coletiva e indignação moral, que se espalham rapidamente pelas redes, consumindo tempo, energia e atenção em detrimento de questões mais relevantes.

Os algoritmos, ao priorizarem conteúdos que geram reações extremas, desempenham um papel crucial na amplificação do fenômeno do "Pão e Circo" nas redes sociais. Buscando maximizar o engajamento e o tempo de permanência dos usuários, esses sistemas favorecem conteúdos que despertam emoções intensas, sejam elas positivas ou negativas. Notícias sensacionalistas, manchetes alarmistas, vídeos chocantes, discursos inflamados e conteúdos polarizados ganham destaque e viralizam porque geram mais cliques, curtidas e compartilhamentos do que conteúdos mais equilibrados e informativos. Essa lógica algorítmica cria um ambiente informacional distorcido, em que a busca por atenção e engajamento emocional se sobrepõe à busca por informação precisa, análise crítica e debate racional.

As redes sociais, ao se tornarem a nova arena da distração e da manipulação emocional, desviam a atenção de questões mais importantes que impactam a sociedade. Enquanto usuários se envolvem em debates sobre temas triviais, fofocas de celebridades e polêmicas passageiras, questões como desigualdade social, mudanças climáticas, crises políticas, problemas de saúde pública e desafios econômicos são frequentemente deixados de lado. Essa distração massiva, impulsionada pela lógica algorítmica e pela busca incessante por engajamento emocional, perpetua o ciclo do "Pão e Circo" contemporâneo, mantendo a população entretida e distraída, enquanto temas mais urgentes permanecem sem solução.

Diante desse cenário, é essencial adotar uma postura mais consciente e estratégica no uso das redes sociais, reconhecendo seus mecanismos de manipulação e buscando formas de consumir informação que estimulem o pensamento crítico. Filtrar conteúdos, diversificar fontes e evitar reações impulsivas são passos fundamentais para escapar da armadilha do engajamento emocional artificial. Além disso, fortalecer o hábito da reflexão e da análise aprofundada pode transformar as redes em ferramentas de aprendizado e debate genuíno, em vez de meros espaços de distração e polarização.

Em vez de sermos reféns da lógica do espetáculo digital, podemos ressignificar nossa relação com essas plataformas, utilizando-as para fomentar diálogos construtivos e fortalecer a consciência coletiva. A internet oferece um vasto potencial para a disseminação de conhecimento e mobilização social, mas cabe a cada um decidir se será um agente ativo nesse processo ou apenas mais um espectador passivo do fluxo incessante de estímulos superficiais. A escolha entre distração e engajamento significativo está, em grande parte, em nossas mãos.

No fim, as redes sociais refletem a forma como escolhemos interagir com o mundo. Se permitirmos que a lógica do entretenimento raso e da indignação instantânea domine nosso tempo e atenção, estaremos apenas reproduzindo o ciclo do "Pão e Circo" digital. Mas, se optarmos por utilizá-las como espaços de troca inteligente, aprendizado e reflexão, podemos transformá-las em arenas não apenas de disputa emocional, mas também de construção de um pensamento mais crítico e autônomo.

Capítulo 10
O Papel da Mídia

A influência da mídia sobre a sociedade vai além de apenas informar, tornando-se um agente ativo na construção de narrativas, na definição da agenda pública e na manipulação emocional das massas. Desde os primórdios da comunicação de massa, os veículos midiáticos moldam a forma como as pessoas percebem a realidade, atribuem importância a determinados eventos e se posicionam no mundo. Com o avanço da tecnologia e o fortalecimento de grandes conglomerados de mídia, esse poder se intensificou, transformando a informação em um produto moldado por interesses econômicos, políticos e ideológicos. O impacto dessa estrutura vai além do entretenimento e influencia diretamente o debate público, a formação da opinião coletiva e a participação cidadã. No contexto do fenômeno do "Pão e Circo", a mídia atua como um dos principais instrumentos para manter a população distraída, emocionalmente engajada em temas superficiais e alheia a questões mais profundas e estruturais.

O controle do fluxo de informação permite à mídia selecionar, amplificar ou omitir acontecimentos, moldando a percepção coletiva sobre o que é relevante. Esse processo, conhecido como *agenda-setting*, define os temas que dominam o debate público, influenciando não só quais assuntos serão discutidos, mas também como serão interpretados. Enquanto manchetes sensacionalistas e coberturas exaustivas de eventos esportivos, escândalos de celebridades e conflitos políticos superficiais dominam os noticiários, questões estruturais como desigualdade social, degradação ambiental e corrupção sistêmica são frequentemente deixadas em segundo plano ou abordadas de forma simplificada. Esse direcionamento da atenção coletiva mantém a sociedade presa a ciclos de indignação momentânea, emoções voláteis e narrativas pré-fabricadas, desviando o foco de problemas mais profundos, que exigiriam reflexão crítica e ação concreta.

    Além da escolha das pautas, a mídia também manipula a forma como as informações são apresentadas, recorrendo à espetacularização dos fatos, à exploração de emoções primárias e à polarização ideológica. A busca incessante por audiência e engajamento leva a abordagens sensacionalistas, onde choque, controvérsia e dramatização substituem análises equilibradas. Em um ambiente midiático dominado por manchetes alarmistas e debates acalorados, a racionalidade dá lugar a reações impulsivas, tornando a população mais vulnerável à manipulação e menos propensa a buscar conhecimento aprofundado. Diante desse cenário, o desenvolvimento do pensamento crítico e do letramento midiático se torna essencial para que as pessoas consigam interpretar as informações de forma independente, identificar padrões de manipulação e resistir à lógica do entretenimento vazio que sustenta o "Pão e Circo" contemporâneo.

A mídia, em sua função primordial de informar, tem o poder de definir a agenda pública, determinando quais temas e eventos serão considerados relevantes pela sociedade. Essa capacidade de selecionar e destacar certas informações em detrimento de outras faz dela uma força estratégica na construção da percepção da realidade e na definição das prioridades sociais. No contexto do "Pão e Circo", a mídia frequentemente usa esse poder para priorizar temas que geram apelo emocional e engajamento massivo, em detrimento de questões mais complexas, relevantes e que demandam reflexão crítica.

Seja por meio de jornais, revistas, rádio, televisão ou plataformas digitais, as narrativas midiáticas são cuidadosamente construídas para manter o público emocionalmente engajado em temas que, na prática, pouco alteram suas vidas. Manchetes sensacionalistas, coberturas extensivas de eventos esportivos, premiações glamorosas, reality shows e fofocas de celebridades ocupam um espaço desproporcional nos noticiários, enquanto temas como desigualdade social, crises ambientais, problemas de saúde pública e desafios políticos são frequentemente deixados em segundo plano ou abordados de forma superficial.

As manchetes sensacionalistas são um dos principais recursos usados para atrair atenção e gerar engajamento emocional imediato. Apelos ao medo, à indignação e à curiosidade mórbida são comuns em manchetes que chocam ou alarmam, mesmo quando o conteúdo da notícia não justifica esse tom. Essa estratégia contribui para a criação de um ambiente informacional hiperestimulante e superficial, onde o impacto emocional se sobrepõe à busca por informação precisa e análise aprofundada.

A cobertura de eventos esportivos e premiações também ocupa um espaço significativo na programação midiática, especialmente na TV e nas plataformas digitais. A espetacularização do esporte, a criação de narrativas épicas sobre competições e atletas, a exaltação de rivalidades e o culto à vitória são estratégias que geram paixão, fanatismo e identificação emocional no público. Do mesmo modo, premiações como o Oscar, o Grammy e o Globo de Ouro se transformaram em eventos midiáticos de grande magnitude, que mobilizam milhões de espectadores ao redor do mundo e alimentam a cultura das celebridades e a busca por status. Embora tenham valor cultural e artístico, esses eventos frequentemente recebem uma atenção desproporcional, desviando o foco de questões urgentes e relevantes para a sociedade.

A mídia também desempenha um papel crucial na intensificação da polarização social, estimulando rivalidades e transformando debates racionais em embates passionais. A cobertura política, em especial, muitas vezes se baseia na polarização ideológica, na personalização de conflitos e na simplificação de questões complexas. Veículos de comunicação frequentemente assumem posições opostas no espectro político, moldando suas narrativas para públicos específicos e reforçando o viés de confirmação dos leitores e espectadores. Esse tipo de polarização fragmenta o debate público, dificulta o diálogo e intensifica a animosidade entre grupos com visões distintas.

A disseminação de notícias falsas e informações distorcidas, impulsionada pelas redes sociais e amplificada pela velocidade da internet, agrava ainda mais esse cenário. Notícias falsas, boatos e teorias da conspiração, muitas vezes criados para manipular a opinião pública ou gerar engajamento emocional, encontram terreno fértil nas redes, onde se espalham rapidamente e atingem milhões de pessoas. A dificuldade em distinguir informações confiáveis das falsas, somada à sobrecarga de conteúdos e à polarização do debate público, mina a confiança na mídia tradicional e leva muitos a recorrer a fontes alternativas, nem sempre verificadas.

Vale destacar que criticar o papel da mídia no fenômeno do "Pão e Circo" não significa ignorar sua complexidade ou generalizar seus impactos. O ecossistema midiático é diverso, composto por diferentes veículos, jornalistas e abordagens. Nem toda produção midiática visa à distração e à manipulação emocional. Há espaços dedicados ao jornalismo investigativo, à análise crítica e ao debate plural. No entanto, a lógica dominante da mídia contemporânea, impulsionada pelo mercado e por interesses políticos e econômicos, contribui para a manutenção do ciclo de distração e engajamento emocional.

Para escapar dessa manipulação e romper o ciclo do "Pão e Circo", é essencial adotar uma postura mais crítica e ativa diante da informação. É preciso aprender a selecionar fontes confiáveis e diversas, questionar narrativas simplistas e polarizadas, verificar a veracidade das informações antes de compartilhá-las e buscar análises aprofundadas sobre temas relevantes para a sociedade. Desenvolver o letramento midiático — a capacidade de analisar criticamente o conteúdo e compreender os mecanismos de produção e disseminação da informação — é uma ferramenta essencial para evitar manipulações e exercer a cidadania de forma mais consciente e informada.

Diante desse cenário, é essencial que cada indivíduo assuma um papel ativo na construção de sua própria visão de mundo, em vez de simplesmente absorver as narrativas que lhe são entregues. A mídia tem o poder de informar e educar, mas também de manipular e distrair. Por isso, cabe ao público o desafio de diferenciar o conteúdo que amplia sua compreensão da realidade daquele que apenas alimenta ciclos de indignação vazia e entretenimento superficial. Buscar fontes diversas, praticar o pensamento crítico e questionar discursos prontos são estratégias fundamentais para escapar da influência excessiva do espetáculo midiático.

Além disso, é preciso reconhecer que a informação não é neutra, mas reflete interesses e estruturas de poder. Compreender os mecanismos que regem a mídia e os incentivos por trás da produção de conteúdo torna o público menos vulnerável à manipulação e mais capaz de interpretar os fatos com autonomia. Isso não significa rejeitar a mídia por completo, mas aprender a usá-la de forma estratégica, aproveitando seus aspectos positivos sem se tornar refém de sua lógica de engajamento emocional e distração constante.

No fim, o verdadeiro desafio está em resgatar a profundidade do debate público em um ambiente dominado pela superficialidade e pela efemeridade das narrativas. Mais do que consumir notícias e entretenimento de forma passiva, é necessário cultivar uma cultura de reflexão, diálogo e busca por conhecimento. Só assim será possível romper com a lógica do "Pão e Circo" moderno e transformar a mídia em um instrumento de informação genuína, em vez de um mecanismo de controle e alienação.

Capítulo 11
A Cultura do Entretenimento

A sociedade contemporânea passa por uma transformação profunda na maneira como o entretenimento molda percepções, comportamentos e emoções coletivas. Muito além de uma simples expressão artística ou passatempo, ele se estrutura como um sistema industrial e mercadológico projetado para capturar e direcionar a atenção das massas. Filmes, séries, reality shows, música, videogames e redes sociais formam um ecossistema interconectado, planejado para estimular emoções, reforçar valores e criar narrativas envolventes que vão além da ficção e se infiltram na realidade cotidiana. Esse fenômeno não apenas reflete tendências culturais, mas também as molda, influenciando profundamente como as pessoas interpretam o mundo e interagem entre si. O entretenimento moderno não é neutro; ele carrega intenções, discursos e estratégias que atuam tanto de forma consciente quanto subliminar, promovendo ideologias, padrões de comportamento e estilos de vida que muitas vezes escapam à percepção crítica do público.

A cultura do entretenimento tem um papel central na construção do imaginário coletivo, ditando aspirações, desejos e crenças. Produções audiovisuais utilizam arquétipos narrativos universais para criar identificação emocional e estabelecer conexões profundas com o espectador, que se projeta nas histórias e personagens, experimentando emoções vicárias e fortalecendo laços simbólicos com essas narrativas fictícias. Redes sociais e plataformas digitais intensificam esse fenômeno ao oferecer um fluxo contínuo de conteúdo altamente personalizado, projetado para maximizar o engajamento e transformar o entretenimento em um ciclo constante de consumo emocional. Nesse cenário, a fronteira entre realidade e ficção se torna cada vez mais difusa, e o entretenimento passa a exercer um papel semelhante ao do "Pão e Circo" da Roma Antiga, operando como um mecanismo de distração em larga escala que mantém o público emocionalmente envolvido, mas cognitivamente desarmado. O fácil acesso ao entretenimento digital, aliado ao apelo irresistível de narrativas envolventes e estímulos audiovisuais, torna essa imersão quase inevitável.

 A presença constante do entretenimento na vida cotidiana afeta diretamente a formação da identidade individual e coletiva. O sentimento de pertencimento, que antes se baseava em laços sociais concretos e experiências compartilhadas, passa a ser mediado por produtos de entretenimento que oferecem uma sensação artificial de conexão. Comunidades inteiras se organizam em torno de *fandoms*, influenciadores digitais e narrativas ficcionais, criando um ambiente onde o entretenimento não apenas reflete valores sociais, mas os define. Isso gera impactos que vão além do simples consumo passivo, influenciando discursos políticos, relações interpessoais e até a forma como as pessoas estruturam seu tempo e atenção. Assim, compreender a cultura do entretenimento não significa apenas analisar produtos midiáticos, mas decifrar os mecanismos subjacentes que o transformam em uma ferramenta de influência social, determinando como as pessoas pensam, sentem e interagem com o mundo ao seu redor.

É essencial reconhecer que a cultura do entretenimento não surge espontaneamente; ela é uma indústria complexa e deliberadamente estruturada, com objetivos específicos e estratégias bem definidas. Filmes, séries, músicas e outros produtos são cuidadosamente planejados para atrair e reter o público, gerar lucros e consolidar marcas e narrativas. Esse caráter industrial e mercadológico significa que o entretenimento não é neutro nem desprovido de intenções, mas sim um veículo de mensagens, valores e ideologias, muitas vezes implícitas, que moldam percepções e comportamentos.

No centro desse processo está a busca incessante pelo engajamento emocional. Filmes, séries, músicas e outros formatos são criados para despertar emoções intensas, desde alegria e empolgação até tristeza, medo e raiva. Recursos técnicos e artísticos, como trilhas sonoras impactantes, efeitos visuais marcantes e personagens carismáticos, são utilizados para criar experiências imersivas que capturam a atenção e mantêm o público envolvido por longos períodos. Essa valorização da emoção sobre a razão, da experiência sensorial sobre a reflexão crítica, é uma característica marcante do entretenimento moderno.

A construção de narrativas emocionais é uma das estratégias mais eficazes da indústria do entretenimento para garantir engajamento. Filmes, séries e reality shows frequentemente seguem arquétipos narrativos clássicos, como a jornada do herói, o embate entre bem e mal, o romance proibido e a superação de desafios. Essas histórias, reinventadas em diferentes contextos, ressoam profundamente com o público, despertando sentimentos de identificação, empatia e catarse. A conexão emocional com personagens fictícios e tramas imaginárias é um dos principais fatores que tornam a cultura do entretenimento tão envolvente.

Além disso, essa cultura promove, de forma sutil e persuasiva, a ilusão de pertencimento. *Fandoms*, comunidades online, eventos de premiação e intensa cobertura midiática criam uma sensação de comunidade em torno de produtos e personagens fictícios. Para muitas pessoas, especialmente aquelas que se sentem isoladas ou em busca de identidade, o entretenimento oferece um espaço de conexão e pertencimento. No entanto, esses laços são, em grande parte, superficiais, baseados em envolvimento emocional com narrativas externas, e não em relações interpessoais genuínas.

O consumo excessivo de entretenimento também fomenta uma atitude passiva e acrítica diante das informações e estímulos emocionais. O entretenimento em massa, com seu fluxo contínuo de conteúdo leve e emocionalmente apelativo, exige pouco esforço cognitivo e oferece gratificação instantânea ao cérebro.

Essa busca constante por estímulos fáceis pode reduzir a capacidade de concentração, tornar o pensamento mais superficial e dificultar a compreensão de informações complexas. Além disso, o consumo passivo de entretenimento torna os indivíduos mais vulneráveis à manipulação midiática e social, pois enfraquece o pensamento crítico e a autonomia intelectual.

Os exemplos desse fenômeno são evidentes. Reality shows exploram o voyeurismo e a exposição da vida privada para gerar engajamento emocional. Séries de super-heróis, com suas narrativas simplistas e efeitos visuais grandiosos, oferecem escapismo e gratificação instantânea, desviando a atenção de questões sociais e políticas complexas. Premiações como o Oscar e o Grammy se tornaram eventos midiáticos de grande impacto, reforçando a cultura das celebridades e o culto à fama. Músicas populares, muitas vezes com letras repetitivas e melodias cativantes, promovem mensagens superficiais e reforçam valores consumistas.

A cultura do entretenimento, ao ocupar um espaço cada vez maior na vida das pessoas, contribui para a formação de massas emocionalmente envolvidas em narrativas externas, mas desengajadas de questões realmente relevantes. Essa passividade, alimentada pelo consumo excessivo de entretenimento, torna as pessoas mais vulneráveis a estratégias de controle social e manipulação midiática, perpetuando o ciclo do "Pão e Circo" contemporâneo.

Este capítulo buscou analisar como a cultura do entretenimento promove a ilusão de pertencimento e influencia o comportamento das massas, tornando-as mais passivas e suscetíveis à manipulação. Compreender esse mecanismo é fundamental para desenvolver uma relação mais crítica e consciente com os produtos de entretenimento, buscando formas mais autênticas e significativas de lazer, cultura e engajamento social.

O desafio, portanto, não é apenas reconhecer a influência do entretenimento, mas desenvolver um olhar crítico para diferenciar o consumo passivo da apreciação consciente. Isso não significa rejeitar o entretenimento, e sim compreender seus impactos e fazer escolhas mais deliberadas sobre o que consumimos. A capacidade de questionar narrativas, perceber intenções e refletir sobre as emoções despertadas pode transformar a relação do indivíduo com a cultura midiática, tornando o consumo mais equilibrado e enriquecedor.

Em vez de ser um espectador passivo, a pessoa pode assumir um papel ativo em sua experiência com o entretenimento, escolhendo conteúdos que ampliem sua visão de mundo e estimulem reflexões mais profundas. Resgatar formas de lazer que incentivem a criatividade, a interação social genuína e o pensamento crítico é essencial para equilibrar os impactos da cultura do entretenimento no dia a dia. Arte, literatura, música e cinema podem ser mais do que meras distrações — são ferramentas valiosas para o enriquecimento intelectual e emocional.

Construir uma relação mais consciente com o entretenimento não é responsabilidade apenas do público, mas também dos criadores e distribuidores de conteúdo. Valorizar produções que desafiem o espectador, estimulem debates e incentivem reflexões pode contribuir para um ambiente cultural mais rico e diverso. Afinal, o entretenimento pode alienar, mas também tem o poder de inspirar, educar e transformar. A maneira como escolhemos interagir com essa cultura determinará o impacto que ela terá sobre a sociedade e o indivíduo.

Capítulo 12
O Culto às Celebridades

A crescente influência das celebridades na sociedade contemporânea revela um fenômeno complexo, no qual figuras públicas vão além de suas áreas de atuação para se tornarem ícones culturais, modelos de comportamento e até objetos de adoração. A idolatria por artistas, influenciadores e atletas ultrapassa a simples admiração por suas habilidades, transformando-se em um envolvimento emocional intenso, que muitas vezes se aproxima da devoção. A mídia e as redes sociais amplificam esse processo, criando um ciclo no qual a superexposição das celebridades alimenta o fascínio do público, e esse fascínio, por sua vez, reforça ainda mais sua visibilidade. Esse culto não acontece por acaso, mas é sustentado por um sofisticado aparato midiático que explora a psicologia humana, manipulando desejos, aspirações e a necessidade de pertencimento.

O envolvimento emocional com figuras públicas se intensifica à medida que elas deixam de ser apenas talentos a serem admirados e passam a representar símbolos de sucesso, poder e estilo de vida idealizado. O público se projeta nessas personalidades, sentindo uma conexão indireta que pode preencher lacunas emocionais e reforçar sua própria identidade. Em uma sociedade marcada pelo individualismo e pela fragmentação dos laços sociais tradicionais, a cultura da celebridade se torna um meio de conexão simbólica, onde fãs compartilham interesses e emoções em torno de seus ídolos. No entanto, essa ligação raramente é recíproca, já que as celebridades permanecem figuras distantes, cuidadosamente construídas por equipes de marketing e relações públicas. Dessa forma, essa relação se torna unilateral, com o público investindo emoções genuínas em figuras que, na maioria das vezes, são personagens midiáticos moldados para atender expectativas comerciais e culturais.

As redes sociais intensificaram esse culto ao criar um canal direto entre fãs e celebridades, promovendo uma ilusão de proximidade e intimidade. Plataformas como Instagram, Twitter e TikTok permitem que essas figuras compartilhem momentos do cotidiano, tornando-se aparentemente acessíveis e relacionáveis. No entanto, essa exposição é, na maioria dos casos, calculada e estrategicamente planejada para manter a relevância e o engajamento do público. A cultura do entretenimento incentiva essa dinâmica ao transformar a vida pessoal das celebridades em espetáculo, explorando dramas, escândalos e momentos de vulnerabilidade como mercadorias midiáticas. Com isso, o culto às celebridades se consolida como uma poderosa ferramenta de influência social, não apenas moldando comportamentos e aspirações, mas também reforçando padrões de consumo e valores que favoreçam a lógica do entretenimento como forma de controle e distração.

A necessidade psicológica de projetar emoções em figuras públicas é um dos motores centrais desse culto. Seres humanos são sociais por natureza, com uma forte necessidade de conexão e identificação. Em um mundo cada vez mais complexo e individualizado, essa necessidade encontra vazão na cultura das celebridades. Figuras públicas, amplamente divulgadas pela mídia e pelas redes sociais, tornam-se símbolos de sucesso, beleza, carisma e outros atributos valorizados socialmente. Ao projetar aspirações e desejos nessas personalidades, cria-se um vínculo emocional vicário, como se o público participasse, ainda que indiretamente, de suas vidas e conquistas.

O fascínio exercido pelas celebridades vem, em parte, da ideia de que elas personificam ideais que muitos gostariam de alcançar. Artistas representam criatividade e reconhecimento público. Influenciadores simbolizam popularidade e influência social. Atletas são vistos como exemplos de disciplina e superação. Acompanhar essas figuras dá a ilusão de proximidade com esses ideais, como se, de alguma forma, o público compartilhasse de seu brilho e sucesso.

Além disso, essa projeção emocional está ligada à busca por modelos de identificação e orientação em tempos de incerteza. Celebridades, com suas vidas amplamente expostas e narrativas cuidadosamente construídas, oferecem padrões de comportamento, estilos de vida e valores que muitos fãs adotam. Para jovens em busca de identidade e pertencimento, a identificação com uma celebridade pode representar um senso de direção e um grupo com o qual se conectar.

O culto às celebridades se manifesta de várias formas, desde o simples acompanhamento da vida de figuras públicas até a criação de laços emocionais profundos, que podem se assemelhar a relações íntimas. Fãs dedicam tempo e energia consideráveis a seguir seus ídolos, participar de eventos, consumir produtos relacionados e interagir em comunidades online. Para alguns, isso é uma forma de entretenimento e lazer, mas, para outros, pode assumir um caráter obsessivo, afetando sua vida cotidiana e relações interpessoais.

Casos de fãs que desenvolvem laços emocionais intensos com celebridades são amplamente documentados. Cartas apaixonadas, presentes extravagantes, vigílias em frente a hotéis e residências, invasões de privacidade e até perseguições são exemplos de como esse culto pode ultrapassar os limites da admiração saudável e se transformar em uma obsessão prejudicial. Há fãs que vivem os sucessos e fracassos de seus ídolos como se fossem seus, demonstrando o quanto esse vínculo emocional pode se tornar intenso e, em alguns casos, problemático.

É importante destacar que esse fenômeno é intensamente incentivado pela mídia e pelas redes sociais, que lucram com o engajamento do público em torno das celebridades. Revistas de fofoca, programas de TV e sites de entretenimento alimentam constantemente o interesse pela vida privada das figuras públicas, explorando o voyeurismo, a curiosidade e o desejo de proximidade com os ídolos. Essa exposição midiática constante e massiva cria um ambiente em que o culto às celebridades é normalizado e amplificado.

As redes sociais desempenham um papel crucial nesse processo. Plataformas digitais permitem que celebridades se comuniquem diretamente com seus fãs, reforçando a ilusão de proximidade e intimidade. Elas compartilham momentos do dia a dia, interagem com seguidores e promovem seus trabalhos, criando uma imagem pública cuidadosamente elaborada. Para os fãs, essas redes sociais são uma forma de expressar admiração, enviar mensagens e interagir com outros seguidores, fortalecendo o sentimento de comunidade. No entanto, essa interação digital pode intensificar a dependência emocional dos fãs, alimentando um ciclo de idolatria que os torna ainda mais conectados a essas figuras.

Em seus casos mais extremos, o culto às celebridades pode gerar uma dependência emocional prejudicial. Fãs excessivamente envolvidos com a vida de seus ídolos podem negligenciar relacionamentos, responsabilidades e projetos pessoais, dedicando tempo e energia desproporcionais ao acompanhamento dessas figuras públicas. Em alguns casos, sua autoestima e senso de valor pessoal ficam atrelados ao sucesso e à aprovação das celebridades, tornando difícil lidar com frustrações e fracassos na vida real. Esse tipo de dependência pode obscurecer a importância de construir uma identidade própria e de desenvolver relações interpessoais autênticas e significativas.

Este capítulo explorou a necessidade psicológica de projetar emoções em figuras públicas e como esse fenômeno global, impulsionado pela mídia e pelas redes sociais, pode gerar uma dependência emocional prejudicial. Compreender as raízes desse culto e seus mecanismos é essencial para desenvolver uma relação mais equilibrada e consciente com as figuras públicas que admiramos, priorizando a construção de nossa própria identidade e a busca por realizações pessoais autênticas.

Reconhecer a influência das celebridades em nossas vidas não significa negar sua importância cultural ou seu impacto positivo em diversas causas e movimentos. No entanto, é essencial que essa admiração não se transforme em uma forma de anulação da própria individualidade. A idolatria excessiva pode distorcer percepções, levando ao esquecimento de que, por trás da imagem pública impecável, existem seres humanos falhos, sujeitos a erros e desafios como qualquer outra pessoa. Enxergar as celebridades com uma visão mais crítica e realista permite uma relação menos dependente e mais saudável com esse universo.

Buscar referências e inspirações é natural, mas a verdadeira evolução pessoal acontece quando se aprende a valorizar a própria trajetória, sem a necessidade de viver à sombra de figuras idealizadas. O tempo e a energia investidos no culto às celebridades podem ser direcionados para o desenvolvimento de talentos individuais, construção de relações reais e fortalecimento da autoestima. Afinal, a admiração não precisa significar submissão, e a influência das figuras públicas não deve substituir a busca por autenticidade e crescimento pessoal.

Nesse sentido, cabe a cada um refletir sobre o impacto do culto às celebridades em sua vida e encontrar um equilíbrio entre entretenimento e autonomia emocional. O fascínio por figuras públicas pode coexistir com uma visão crítica e independente, permitindo que a admiração se transforme em aprendizado e inspiração, e não em uma prisão emocional. No fim, o verdadeiro protagonismo deve estar na própria história, e não na de alguém visto à distância, através da tela de um celular.

Capítulo 13
Fanatismo e Extremismo

O fanatismo e o extremismo são fenômenos complexos, enraizados na necessidade humana de pertencimento, identidade e segurança em um mundo repleto de incertezas e mudanças constantes. Embora frequentemente associados a torcidas esportivas ou seguidores fervorosos de celebridades, essas formas exacerbadas de devoção vão muito além desses contextos, manifestando-se em ideologias políticas, crenças religiosas, movimentos sociais e até mesmo em interações cotidianas. A mente fanática não apenas defende apaixonadamente suas crenças, mas também rejeita qualquer questionamento ou visão oposta, tratando o outro não como um adversário, mas como um inimigo a ser combatido. Esse pensamento binário, que divide a realidade entre "nós" e "eles", alimenta o extremismo e pode levar a comportamentos agressivos, intolerantes e, em casos extremos, violentos.

No fanatismo, a identidade do indivíduo se funde à causa, crença ou líder que ele segue. Para o fanático, sua ideologia não é apenas uma escolha entre várias possibilidades, mas uma verdade absoluta e inquestionável. Ao se identificar completamente com um grupo ou ideia, sente que ganha propósito, segurança e pertencimento, afastando o medo da solidão e da incerteza. No entanto, essa adesão cega cria um paradoxo: ao buscar estabilidade em uma crença rígida, o fanático se torna prisioneiro de sua própria visão inflexível, incapaz de aceitar mudanças ou novas perspectivas. Essa rigidez exige reafirmação constante, levando-o a rejeitar qualquer crítica e, muitas vezes, reagir de maneira desproporcional, com ataques verbais, perseguição e, em casos mais extremos, violência física.

O extremismo é um desdobramento do fanatismo, no qual a devoção à causa se intensifica a ponto de justificar qualquer meio para atingir os objetivos desejados. Movimentos extremistas frequentemente recorrem à demonização do inimigo, à criação de mitos e narrativas conspiratórias e ao apelo emocional para recrutar seguidores e consolidar sua ideologia. Essas táticas são amplificadas pelo uso da propaganda e das redes sociais, que disseminam discursos radicais em larga escala, dificultando o diálogo e aprofundando divisões em sociedades polarizadas. Enfrentar o fanatismo e o extremismo exige não apenas promover educação e pensamento crítico, mas também criar espaços para o diálogo e fortalecer a empatia, permitindo que as pessoas questionem suas crenças sem que isso pareça uma ameaça existencial. Só assim será possível construir uma sociedade mais equilibrada, tolerante e aberta à diversidade de ideias.

O fanatismo, em sua essência, caracteriza-se por uma devoção intensa e excessiva a uma causa, pessoa ou ideologia, acompanhada por forte intolerância a opiniões divergentes. Indivíduos fanáticos tendem a idealizar seus ídolos ou crenças, atribuindo-lhes qualidades sobre-humanas e considerando-os infalíveis. Qualquer crítica é percebida como um ataque pessoal, uma ameaça ao seu sistema de crenças e identidade. Essa dificuldade em aceitar questionamentos e a recusa em admitir falhas geram um comportamento rígido, que impede o diálogo e a reflexão crítica.

O extremismo leva essa mentalidade a um nível ainda mais perigoso, resultando em ações que ultrapassam os limites da tolerância e da civilidade, muitas vezes culminando em violência. Extremistas defendem suas causas com uma convicção absoluta e justificam o uso de qualquer meio, inclusive agressão física, para eliminar opositores. Esse radicalismo se alimenta da criação de inimigos imaginários e da amplificação de medos e ressentimentos coletivos, levando a uma polarização extrema e à intolerância total.

Os fatores psicológicos que impulsionam o fanatismo e o extremismo são complexos. A busca por identidade e pertencimento é um dos principais motores desses fenômenos. Em um mundo cada vez mais incerto e individualista, aderir a um grupo fanático pode oferecer um senso de identidade clara, propósito e comunidade. Essa necessidade de pertencimento é particularmente forte em indivíduos que se sentem marginalizados ou sem rumo.

Outro aspecto marcante do fanatismo é a fusão da identidade pessoal com uma ideologia ou grupo. Para o fanático, as crenças do grupo se tornam parte de sua identidade, de modo que qualquer crítica é vista como um ataque direto a sua existência. Essa fusão explica a intensidade emocional e a rejeição à crítica que caracterizam os fanáticos e extremistas.

O medo também desempenha um papel central no fanatismo e no extremismo. Medo do desconhecido, da mudança, da perda de identidade ou de ameaças externas são explorados por líderes radicais para mobilizar seguidores e justificar ações extremas. Propagandas fanáticas frequentemente espalham boatos e teorias da conspiração para gerar pânico e paranoia, apresentando o grupo como a única proteção contra perigos exagerados ou inventados.

O fanatismo e o extremismo não se limitam a uma única área da vida e podem surgir em diferentes contextos sociais. Na política, o fanatismo ideológico e o culto à personalidade podem levar à polarização extrema, à intolerância e à violência. Ao longo da história, regimes totalitários e movimentos radicais demonstraram os perigos do fanatismo político, que pode resultar em repressão, perseguição e até genocídio.

Na religião, o fanatismo pode levar ao fundamentalismo e até ao terrorismo. A história da humanidade está repleta de conflitos motivados por intolerância religiosa, e o extremismo religioso continua a ser uma ameaça global. A interpretação literal e rígida de textos sagrados, aliada à demonização de outras crenças, gera perseguições e violência em nome da fé.

Até mesmo no entretenimento, o fanatismo pode ter efeitos negativos. A idolatria por celebridades, embora menos violenta, pode levar a comportamentos obsessivos, invasões de privacidade e dependência emocional. No esporte, o fanatismo pode se manifestar em violência entre torcidas, intolerância entre rivais e comportamentos agressivos motivados pela paixão por um time.

Os perigos do extremismo e do fanatismo são amplos. Em nível individual, podem levar à rigidez mental, dificuldade em lidar com a diversidade e isolamento social. Em nível coletivo, enfraquecem a democracia, alimentam a violência e a intolerância e ameaçam a paz. A história mostra inúmeros exemplos de tragédias causadas por essas formas extremas de pensamento.

O extremismo também pode ser usado como ferramenta de controle por regimes autoritários e grupos radicais. A desinformação, a manipulação emocional e a repressão são frequentemente empregadas para silenciar opositores e impor uma ideologia única. O controle da informação, a censura e o uso da força são estratégias comuns de governos extremistas para manter o poder e eliminar qualquer forma de dissidência.

Para combater o fanatismo e o extremismo, é fundamental investir em educação, pensamento crítico, diálogo intercultural e valorização da diversidade. Ensinar cidadania, promover o debate e incentivar a empatia são formas essenciais de fortalecer a capacidade das pessoas de resistir à manipulação emocional e construir sociedades mais justas e pacíficas.

Reconhecer a influência das celebridades em nossas vidas não significa ignorar sua importância cultural ou o impacto positivo que podem ter em diversas causas e movimentos. No entanto, é essencial que essa admiração não leve à anulação da própria individualidade. A idolatria excessiva pode distorcer percepções e fazer esquecer que, por trás da imagem pública impecável, existem seres humanos falhos, sujeitos a erros e desafios como qualquer outra pessoa. Enxergar as celebridades com um olhar mais crítico e realista permite uma relação menos dependente e mais saudável com esse universo.

Buscar referências e inspirações é natural, mas a verdadeira evolução pessoal acontece quando se aprende a valorizar a própria trajetória, sem viver à sombra de figuras idealizadas. O tempo e a energia dedicados ao culto às celebridades podem ser melhor aproveitados no desenvolvimento de talentos individuais, na construção de relações reais e no fortalecimento da autoestima. Afinal, admirar não significa se submeter, e a influência de figuras públicas não deve substituir a busca por autenticidade e crescimento pessoal.

Cabe a cada um refletir sobre o impacto do culto às celebridades em sua vida e encontrar um equilíbrio entre entretenimento e autonomia emocional. O fascínio por figuras públicas pode coexistir com uma visão crítica e independente, permitindo que a admiração se transforme em aprendizado e inspiração, e não em uma prisão emocional. No fim, o verdadeiro protagonismo deve estar na própria história, não na de alguém visto à distância, através da tela de um celular.

Capítulo 14
O Preço da Alienação

A alienação coletiva impõe um custo elevado, que se reflete em diversos aspectos da vida individual e social, corroendo a autenticidade das experiências humanas e desviando o foco de questões essenciais para o desenvolvimento pessoal e coletivo. A imersão excessiva em distrações fabricadas, como o culto às celebridades, a obsessão por eventos midiáticos e a adesão passiva a narrativas pré-construídas, afasta o indivíduo de si mesmo, de sua realidade e de sua capacidade de reflexão crítica. Em um mundo saturado de estímulos superficiais e recompensas emocionais instantâneas, a introspecção e a busca por um sentido próprio na vida se enfraquecem, tornando a identidade e a autoestima cada vez mais dependentes de fatores externos. Assim, a alienação se torna um ciclo vicioso, no qual, privado da autonomia sobre sua própria narrativa, o indivíduo se contenta em absorver e reproduzir realidades impostas a ele.

Esse distanciamento da própria existência gera impactos emocionais profundos, resultando em insatisfação crônica, frustrações constantes e uma necessidade incessante de estímulos que tentam compensar o vazio interno. Ao substituir desafios e conquistas pessoais por vitórias simbólicas e emoções vicárias, o indivíduo perde a capacidade de se realizar genuinamente, tornando-se cada vez mais suscetível à manipulação emocional promovida pelas grandes indústrias do entretenimento e da informação. Essa dependência de fatores externos não apenas desvia o foco da autorrealização, mas também enfraquece a resiliência emocional, tornando as pessoas mais vulneráveis à impotência e ao desamparo diante dos desafios reais. A alienação, nesse sentido, não apenas afasta questões fundamentais, mas também empobrece a vida emocional, tornando as experiências autênticas menos significativas diante do espetáculo ininterrupto que promete preenchimento, mas entrega apenas distração temporária.

No âmbito social, essa cultura da alienação compromete a coesão comunitária e enfraquece os laços interpessoais, pois a hiperconexão com estímulos externos substitui a interação genuína com o outro. A fragmentação das relações humanas, impulsionada pela priorização de narrativas midiáticas em detrimento da vivência concreta, resulta em uma sociedade cada vez mais individualista e desconectada de suas reais necessidades coletivas. Além disso, ao concentrar energia em debates fabricados, rivalidades artificiais e eventos irrelevantes para sua vida cotidiana, o indivíduo se torna menos propenso a questionar estruturas de poder e buscar mudanças efetivas que possam impactar positivamente sua realidade. A alienação, portanto, não apenas desvia o olhar das questões urgentes, mas também funciona como um mecanismo de controle, perpetuando desigualdades e impedindo a construção de uma sociedade mais consciente e engajada. Reconhecer esse custo e recuperar a autonomia sobre a própria atenção e energia é um passo essencial para romper com esse ciclo e resgatar o protagonismo da própria vida.

No plano emocional, o preço da alienação se manifesta em uma gama de sentimentos negativos e estados psicológicos disfuncionais. A busca constante por emoções externas, seja no consumo de entretenimento, no culto a celebridades ou no envolvimento passional com eventos esportivos e políticos, pode gerar uma dependência emocional semelhante a outros vícios comportamentais. Indivíduos que projetam suas emoções nesses eventos tendem a desenvolver tolerância aos estímulos emocionais, necessitando de doses cada vez maiores de excitação e comoção para sentirem satisfação ou prazer. Essa busca incessante por emoções intensas pode levar a um estado de ansiedade crônica, irritabilidade e insatisfação constante, uma vez que a fonte de prazer e recompensa reside em eventos externos e incontroláveis.

Frustração e decepção tornam-se companheiras frequentes na vida de quem se aliena emocionalmente em eventos externos. Times perdem, celebridades caem em desgraça, movimentos políticos fracassam. Quando a autoestima e o senso de valor pessoal estão atrelados a essas entidades externas, o fracasso ou a derrota alheia são vivenciados como reveses pessoais, gerando sentimentos de impotência, desesperança e autodesvalorização. A dificuldade em lidar com o fracasso, intrínseca à condição humana, se agrava quando a identidade individual se dissolve em conquistas e derrotas que não são suas.

A alienação emocional também pode se manifestar na dificuldade de experimentar emoções genuínas e profundas em relação à própria vida e aos relacionamentos interpessoais. Quem se acostuma a viver emoções vicárias, intensas porém superficiais, pode perder a capacidade de sentir e expressar emoções autênticas diante de seus próprios desafios, alegrias e tristezas. Relacionamentos pessoais tornam-se superficiais e distantes, a empatia e a compaixão se enfraquecem, e a capacidade de conexão emocional com outras pessoas se compromete. A vida emocional, paradoxalmente rica em estímulos externos, acaba empobrecida e superficial no nível pessoal e íntimo.

No plano social, o preço da alienação se revela no enfraquecimento dos laços comunitários e na fragmentação do tecido social. A dedicação excessiva a eventos externos, impulsionada pela cultura do entretenimento e pelo culto às celebridades, desvia a atenção e a energia das relações interpessoais significativas, do engajamento cívico e da participação em atividades comunitárias que promovem coesão social e bem-estar coletivo. Vizinhos tornam-se desconhecidos, o diálogo e a cooperação entre diferentes grupos sociais se tornam mais difíceis, e a solidariedade e o senso de responsabilidade social se enfraquecem.

A polarização social, alimentada pela manipulação emocional e pela disseminação de narrativas simplistas e divisórias, é outro custo da alienação coletiva. Quando a atenção pública se concentra em rivalidades fabricadas, debates superficiais e disputas passionais sobre temas irrelevantes, questões sociais urgentes e complexas, como desigualdade, pobreza, violência e injustiça, são negligenciadas ou relegadas a segundo plano. A capacidade de construir consensos, dialogar de forma construtiva e buscar soluções coletivas para problemas comuns é minada pela polarização e pela distração massiva, perpetuando um ciclo de inação e estagnação social.

No plano econômico, a alienação se reflete na negligência do desenvolvimento pessoal e profissional e na perpetuação de desigualdades. Muitas pessoas, ao se dedicarem excessivamente a acompanhar eventos irrelevantes para sua realidade, acabam deixando de lado sua própria educação, o desenvolvimento de habilidades, a busca por oportunidades de trabalho e o planejamento financeiro. O tempo e a energia gastos no consumo passivo de entretenimento e no envolvimento emocional com eventos externos poderiam ser investidos em atividades mais produtivas e construtivas, que contribuíssem para o crescimento pessoal e a melhoria da qualidade de vida.

A alienação coletiva pode ser usada como ferramenta de controle social, mantendo classes inteiras em um estado de passividade e conformismo. Ao oferecer distrações constantes, espetáculos emocionantes e narrativas envolventes, governos e elites desviam a atenção das questões estruturais que perpetuam desigualdades e injustiças. A ilusão de participação e vitória em um mundo simbólico, oferecida pelo "Pão e Circo", funciona como válvula de escape para frustrações e ressentimentos sociais, impedindo que a população questione o status quo e busque transformações significativas.

Classes economicamente desfavorecidas, em particular, podem ser mais vulneráveis à alienação e à dependência emocional de eventos externos. A falta de oportunidades reais de ascensão social, a precariedade das condições de vida e a sensação de impotência diante dos problemas estruturais levam muitos a buscar refúgio emocional em conquistas simbólicas, como vitórias esportivas ou o sucesso de celebridades. O entretenimento, nesse contexto, funciona como uma forma de compensação ilusória, oferecendo momentos de alegria e excitação que contrastam com a dureza da realidade cotidiana. Essa busca por escape emocional, embora compreensível, pode perpetuar um ciclo de alienação e passividade, impedindo que indivíduos busquem soluções reais para seus problemas e lutem por uma vida mais digna e justa.

Romper esse ciclo de alienação exige um esforço consciente para recuperar a autonomia sobre a própria atenção e energia. Reflexão crítica, desenvolvimento de interesses genuínos e busca por conexões reais podem servir como antídotos contra a passividade imposta pelo excesso de estímulos externos. Isso não significa rejeitar o entretenimento ou os eventos culturais, mas redefinir a forma como nos relacionamos com eles, garantindo que sejam um complemento para a vida, e não um substituto para uma existência plena e significativa.

Redescobrir o valor das experiências autênticas, das relações interpessoais verdadeiras e do aprendizado contínuo fortalece a identidade individual e resgata a capacidade de agir de maneira independente e consciente. Cultivar momentos de introspecção, estabelecer objetivos próprios e desenvolver habilidades pessoais são passos essenciais para retomar o protagonismo sobre a própria narrativa. Em um mundo que constantemente seduz com distrações passageiras, encontrar propósito e significado nas pequenas e grandes escolhas do cotidiano se torna um ato de resistência e liberdade.

No fim, o verdadeiro preço da alienação não está apenas na perda do senso crítico ou no enfraquecimento dos laços sociais, mas na renúncia à possibilidade de uma vida mais autêntica e realizada. Ao tomar consciência desse custo e buscar alternativas mais enriquecedoras, cada indivíduo pode, pouco a pouco, reconstruir sua relação com o mundo, tornando-se menos refém das distrações externas e mais dono do próprio destino. Afinal, viver de maneira plena não é apenas reagir ao que nos é oferecido, mas escolher ativamente o que merece nossa atenção e dedicação.

Capítulo 15
A Relação com a Classe Social

A relação entre a alienação promovida pelo entretenimento e a estrutura de classes sociais reflete um fenômeno profundamente enraizado na desigualdade de oportunidades e no acesso desigual a recursos materiais e simbólicos. Indivíduos de classes economicamente desfavorecidas frequentemente veem no entretenimento uma forma acessível e imediata de prazer, pertencimento e compensação emocional, aliviando, ainda que temporariamente, frustrações decorrentes de condições de vida adversas. Em um sistema onde o acesso à educação de qualidade, ao desenvolvimento profissional e à mobilidade social é restrito, a identificação com narrativas externas—seja pelo futebol, pela cultura pop ou por líderes midiáticos—se torna uma alternativa simbólica à realização pessoal, muitas vezes negada pela realidade concreta. Dessa forma, a alienação não é apenas uma escolha individual, mas uma resposta condicionada às limitações estruturais do contexto social.

A imersão no entretenimento de massa funciona, muitas vezes, como uma estratégia de sobrevivência psíquica diante de um cotidiano marcado pela precariedade e pela incerteza. A sensação de vitória ao ver um time triunfar, o engajamento fervoroso em disputas midiáticas ou a obsessão pela vida de celebridades representam formas de compensação para aqueles que raramente experimentam conquistas próprias em um sistema excludente. O problema não está no entretenimento em si, mas na forma como essa dinâmica pode reforçar um ciclo de passividade e distração, desviando o foco de questões fundamentais, como a luta por melhores condições de vida, o engajamento político e a busca por autonomia intelectual e emocional. Esse mecanismo pode ser instrumentalizado por elites e governos como ferramenta de controle social, promovendo um contentamento superficial e reduzindo a disposição coletiva para questionar e transformar a realidade.

Apesar disso, é um equívoco acreditar que a alienação é exclusiva das classes economicamente desfavorecidas ou que a relação com o entretenimento segue um padrão homogêneo dentro de cada estrato social. A alienação se manifesta de diferentes formas e intensidades, independentemente da posição socioeconômica, e o desafio não está em eliminar o entretenimento, mas em estimular um consumo cultural mais crítico e reflexivo. Ampliar o acesso à educação de qualidade, criar espaços que favoreçam o desenvolvimento da autonomia intelectual e valorizar atividades que incentivem a participação ativa na sociedade são medidas essenciais para romper o ciclo de distração e oferecer caminhos mais significativos para a realização pessoal e coletiva. Afinal, o problema não está no ato de se entreter, mas na renúncia inconsciente à própria capacidade de construir uma narrativa de vida autêntica e engajada.

A premissa central dessa relação é que a falta de oportunidades reais de ascensão social e de realização pessoal pode levar indivíduos a buscar refúgio emocional em conquistas simbólicas. Classes economicamente desfavorecidas enfrentam barreiras estruturais que limitam o acesso a uma educação de qualidade, a empregos bem remunerados, a serviços essenciais e à participação plena na vida social e política. A privação de oportunidades concretas, somada à sensação de impotência diante de um sistema desigual, gera frustração, desesperança e a necessidade de escapes emocionais que proporcionem algum senso de valor, propósito e realização.

Nesse contexto, o entretenimento se apresenta como uma válvula de escape acessível. Eventos esportivos, programas de televisão, redes sociais e outras formas de entretenimento oferecem um universo de ilusões e emoções intensas, que contrastam com a monotonia e a dureza do cotidiano. Para quem enfrenta dificuldades financeiras, falta de perspectivas e escassez de oportunidades reais, o entretenimento pode ser um refúgio temporário, um alívio diante da realidade opressora e uma fonte de gratificação imediata. A emoção de um jogo de futebol, o glamour da vida de celebridades, a participação em comunidades de fãs e a imersão em narrativas ficcionais proporcionam momentos de alegria e pertencimento que podem suprir, ainda que de forma ilusória e passageira, a ausência de reconhecimento e realização na vida real.

O entretenimento, nesse sentido, atua como uma compensação emocional, criando a ilusão de participação e vitória em um mundo onde, na prática, essas pessoas frequentemente não têm influência significativa. Torcer fanaticamente por um time pode gerar um senso de pertencimento a uma comunidade e a possibilidade de vivenciar, ainda que indiretamente, o triunfo e a glória. Para quem se sente marginalizado e excluído do sistema social, a identificação com um time vitorioso pode oferecer um senso de valor e reconhecimento, uma maneira de experimentar o sucesso e a celebração negados em outras áreas da vida. Da mesma forma, acompanhar a vida de celebridades e integrar comunidades de fãs pode criar um senso de conexão e proximidade com o sucesso e o glamour, contrastando com a dureza da realidade cotidiana.

É essencial destacar que essa busca por refúgio emocional no entretenimento não é uma escolha individual completamente livre e consciente, mas sim uma resposta adaptativa a condições socioeconômicas adversas e à falta de oportunidades reais. Indivíduos de classes desfavorecidas não são inerentemente mais propensos à dependência emocional de eventos externos, mas vivem em um sistema que lhes oferece menos alternativas de realização e reconhecimento. Nessa perspectiva, a busca por escapes emocionais pode ser entendida como uma estratégia de enfrentamento para lidar com a frustração, a desesperança e o sentimento de impotência decorrentes da desigualdade social.

Governos e elites, ao longo da história, frequentemente utilizaram essa dinâmica para manter a ordem social e evitar questionamentos estruturais. O entretenimento de massa e a promoção de eventos esportivos e culturais populares podem servir como mecanismos de controle social, desviando a atenção da população de problemas sociais urgentes e questões políticas complexas. Ao oferecer "Pão e Circo", governos e elites criam um estado de contentamento superficial e passividade política, reduzindo a probabilidade de protestos, revoltas e questionamentos ao status quo. Essa estratégia, embora nem sempre explicitamente planejada, tem um impacto significativo na manutenção das desigualdades e na estabilidade das estruturas de poder.

Entretanto, a relação entre classe social e o fenômeno do "Pão e Circo" não é determinista nem homogênea. Nem todos os indivíduos de classes desfavorecidas são igualmente suscetíveis à dependência emocional de eventos externos, assim como nem todos os indivíduos de classes mais favorecidas estão imunes a esse fenômeno. Fatores individuais, como personalidade, história de vida, valores pessoais e redes de apoio, também influenciam a forma como cada pessoa lida com o entretenimento e a alienação. Além disso, dentro de cada classe social, há uma diversidade de experiências, expectativas e aspirações, tornando qualquer generalização simplista ou imprecisa.

Superar esse ciclo de alienação não significa negar o entretenimento, mas criar alternativas que promovam uma relação mais equilibrada e consciente com ele. Em vez de consumir cultura de forma passiva, é essencial incentivar a produção, a reflexão e a participação ativa, garantindo que lazer e engajamento midiático não substituam o desenvolvimento pessoal e a busca por mudanças reais. O acesso à educação, à arte crítica e a oportunidades de crescimento são ferramentas poderosas para transformar o entretenimento em uma experiência enriquecedora, e não em um mecanismo de estagnação.

Despertar para essa realidade exige um esforço coletivo, que passa pela valorização de iniciativas que ampliem as possibilidades de autonomia intelectual e cultural, especialmente para aqueles historicamente marginalizados. A democratização do conhecimento, o fortalecimento de espaços de debate e o estímulo ao pensamento crítico são passos fundamentais para romper com a lógica do entretenimento como simples distração e ressignificá-lo como um meio de aprendizado e conexão genuína. Afinal, o problema não está na diversão ou no fascínio por narrativas inspiradoras, mas na abdicação inconsciente da própria capacidade de interpretar, questionar e construir um caminho próprio.

No fim, a verdadeira liberdade não está na ausência do entretenimento, mas na possibilidade de escolher conscientemente como se relacionar com ele. Quando o lazer se torna um complemento à vida, e não um substituto para experiências autênticas e transformações concretas, o indivíduo assume o controle sobre sua trajetória. Somente assim o entretenimento deixa de ser um refúgio ilusório e passa a ser um espaço de expressão, aprendizado e fortalecimento da identidade individual e coletiva.

Capítulo 16
Exceções à Regra

A análise da relação entre status socioeconômico e envolvimento com entretenimento de massa frequentemente leva a conclusões simplificadas, mas a realidade mostra que esse fenômeno transcende barreiras de classe. A adesão emocional a eventos externos não é exclusividade das camadas economicamente desfavorecidas; pelo contrário, indivíduos bem-sucedidos, mesmo aqueles que desfrutam de estabilidade financeira e reconhecimento profissional, também demonstram forte inclinação para esse tipo de envolvimento. Esse comportamento não pode ser atribuído apenas à falta de perspectivas ou à necessidade de escapar de uma realidade difícil, mas sim a fatores mais complexos e universais da psique humana. O desejo de pertencimento, a busca por emoções intensas e a necessidade de aliviar as pressões do dia a dia são aspectos fundamentais que impulsionam tanto aqueles que lutam por melhores condições de vida quanto os que já atingiram o topo da pirâmide social. Assim, o fenômeno do Pão e Circo não deve ser visto apenas como um instrumento de distração para os menos favorecidos, mas como um elemento estrutural do comportamento humano, capaz de capturar a atenção e o engajamento de indivíduos em diferentes contextos e realidades.

No ambiente corporativo, por exemplo, é comum ver executivos altamente qualificados dedicando-se com fervor a torcidas esportivas, discussões acaloradas sobre política ou manifestações culturais específicas. Mesmo com acesso a uma ampla gama de opções de lazer e entretenimento intelectual, muitos encontram na paixão por eventos externos um refúgio emocional. Esse envolvimento pode ser impulsionado por diferentes fatores, como a necessidade de aliviar tensões acumuladas em rotinas exigentes, o desejo de conexão social fora do ambiente profissional e até o impulso natural de participar de narrativas coletivas que geram identidade e pertencimento. A forma como isso se manifesta varia: para alguns, é apenas um hobby equilibrado; para outros, pode se tornar uma obsessão que influencia suas decisões e comportamentos diários. Compreender essas nuances é essencial para entender por que mesmo aqueles que possuem autonomia e recursos não estão imunes à atração do Pão e Circo.

Além disso, o impacto cultural e histórico na construção desse comportamento não pode ser ignorado. Desde a antiguidade, os seres humanos buscam formas de se entreter e se conectar por meio de experiências compartilhadas, seja nos espetáculos romanos, nos festivais medievais ou nos grandes eventos da era moderna. A globalização e as mídias sociais amplificaram ainda mais essa dinâmica, tornando o envolvimento com eventos externos uma experiência coletiva e instantânea. Para indivíduos bem-sucedidos, muitas vezes pressionados por expectativas de desempenho e pela necessidade de manter uma imagem de controle, essa imersão no entretenimento pode representar uma válvula de escape essencial. A conexão com narrativas emocionantes—sejam esportivas, políticas ou culturais—oferece um senso de participação ativa em algo maior do que a rotina diária, permitindo que se sintam parte de uma comunidade e, paradoxalmente, exerçam alguma influência simbólica sobre os acontecimentos que acompanham. Ao considerar essas questões, fica evidente que o fenômeno do Pão e Circo não se restringe a um único segmento da sociedade, mas é um traço intrínseco da experiência humana, moldado por fatores individuais, sociais e históricos.

Desde o início, é importante reconhecer que o sucesso socioeconômico não confere imunidade à influência do Pão e Circo. A projeção emocional em eventos externos, o fascínio pelo entretenimento de massa e a busca por identificação coletiva transcendem barreiras de classe, fazendo parte da experiência humana em diferentes contextos. Mesmo aqueles que conquistaram sucesso profissional, acumularam riqueza ou ocupam posições de destaque não estão imunes ao apelo das distrações emocionais e ao envolvimento passional com eventos que se desenrolam fora de suas vidas cotidianas.

A observação atenta do comportamento humano revela inúmeros exemplos de pessoas bem-sucedidas, em diversas áreas, que demonstram envolvimento intenso com esportes, política ou cultura pop.

Executivos de alto escalão que acompanham fervorosamente seus times, investidores renomados que participam de debates políticos acalorados nas redes sociais e artistas aclamados que se manifestam apaixonadamente sobre cultura pop são exemplos de como o Pão e Circo se manifesta também entre os mais favorecidos. Esses casos desafiam a ideia de que a dependência emocional de eventos externos seja um fenômeno exclusivo de classes desfavorecidas e mostram a necessidade de uma análise mais aprofundada das motivações por trás desse comportamento.

Uma das razões para esse envolvimento, mesmo em pessoas bem-sucedidas, está na necessidade universal de escape e alívio do estresse. Indivíduos de alta performance, frequentemente submetidos a pressões intensas, demandas constantes e grandes responsabilidades, podem encontrar no entretenimento uma forma de relaxar e momentaneamente se desconectar das tensões do dia a dia. Torcer por um time, acompanhar uma série ou engajar-se em debates políticos pode servir como uma pausa mental necessária, um respiro em meio a uma rotina exigente e competitiva. Nesse sentido, o Pão e Circo pode ser um lazer legítimo e uma maneira de preservar o bem-estar emocional.

Outra motivação importante é a busca por conexões sociais e senso de comunidade fora do ambiente profissional. Indivíduos bem-sucedidos, muitas vezes imersos em contextos de trabalho competitivos e hierárquicos, podem encontrar no entretenimento uma oportunidade de estabelecer laços mais informais e autênticos. Compartilhar a paixão por um time com amigos e colegas, participar de grupos de discussão sobre séries de TV ou engajar-se em movimentos políticos e sociais pode proporcionar um sentimento de pertencimento mais amplo, combatendo o isolamento que muitas vezes acompanha o sucesso individual.

No entanto, é essencial diferenciar um envolvimento saudável com eventos externos de uma dependência emocional prejudicial. Para indivíduos bem-sucedidos, o Pão e Circo geralmente se integra de forma equilibrada à vida profissional e pessoal, sem comprometer desempenho, relacionamentos ou bem-estar. A paixão por um time de futebol pode ser apenas um hobby e um assunto de conversa entre amigos, sem que se torne uma obsessão dominante. O equilíbrio está na capacidade de manter esse envolvimento dentro de limites saudáveis, sem que ele se transforme em fuga da realidade ou fonte de dependência emocional.

Por outro lado, quando a dependência de eventos externos se torna prejudicial, independentemente da classe social, o Pão e Circo assume proporções descontroladas e obsessivas, impactando negativamente diversas áreas da vida. A dedicação excessiva a torcidas organizadas, fã-clubes ou movimentos ideológicos radicais pode consumir tempo, energia e dinheiro de maneira desproporcional, prejudicando responsabilidades profissionais, relações interpessoais e projetos pessoais. Nesses casos, a autoestima e o senso de valor pessoal podem ficar excessivamente atrelados ao sucesso ou fracasso de entidades externas, gerando instabilidade emocional e dificuldades para lidar com desafios próprios.

Fatores psicológicos, culturais e históricos também influenciam esse comportamento. Traços de personalidade, como a busca por excitação e a necessidade de pertencimento, podem predispor certos indivíduos, independentemente de sua posição social, a um envolvimento mais intenso com o Pão e Circo. Aspectos culturais, como a valorização do esporte e o culto às celebridades, também moldam esse fenômeno, assim como experiências pessoais e influências sociais ao longo da vida.

É fundamental reconhecer a complexidade das motivações humanas e evitar simplificações excessivas. Embora o Pão e Circo tenda a ter um impacto maior sobre classes economicamente desfavorecidas, o fato de que indivíduos bem-sucedidos também se envolvem emocionalmente com eventos externos mostra que esse fenômeno transcende barreiras de classe. Para compreender seu impacto na vida humana, é preciso analisar cada caso de maneira individualizada, considerando suas nuances e particularidades.

O fascínio humano por narrativas coletivas e eventos externos não pode ser reduzido a uma questão de classe social ou condição financeira. Ele faz parte de um contexto mais amplo, onde fatores emocionais, psicológicos e culturais têm um papel essencial. A necessidade de se conectar com algo além da rotina, sentir emoções intensas e compartilhar experiências com outras pessoas continua sendo um dos principais impulsos desse comportamento, independentemente do nível socioeconômico. O Pão e Circo, longe de ser apenas uma forma de distração das massas, reflete uma característica estrutural da natureza humana, moldada por necessidades profundas de pertencimento e significado.

Porém, embora esse envolvimento possa proporcionar prazer e conexão, há uma linha tênue entre paixão equilibrada e obsessão prejudicial. Quando o apego a eventos externos começa a consumir energia excessiva, desviar o foco de responsabilidades essenciais ou comprometer a autonomia emocional, fica claro que um limite foi ultrapassado. O desafio, então, não é evitar essas formas de entretenimento e identificação coletiva, mas encontrar um equilíbrio que permita que coexistam harmoniosamente com outras áreas da vida.

O que diferencia um envolvimento saudável de uma dependência emocional é a capacidade de manter autonomia sobre escolhas e reações. Reconhecer que entretenimento e engajamento emocional fazem parte da experiência humana não significa aceitar passivamente sua influência irrestrita. Pelo contrário, compreender os mecanismos que alimentam essa atração possibilita um uso mais consciente e positivo desses elementos, garantindo que o Pão e Circo permaneça como um complemento da vida, e não um fator que a governa.

Capítulo 17
A Ilusão do Controle

A crença de que podemos influenciar eventos externos, mesmo sem qualquer controle real sobre eles, é um fenômeno psicológico profundamente enraizado no comportamento humano. Essa ilusão do controle nos faz sentir participantes ativos de acontecimentos que, na realidade, estão muito além do nosso alcance. Quando torcemos apaixonadamente por um time, discutimos fervorosamente sobre política ou acompanhamos obsessivamente uma trama midiática, muitas vezes acreditamos, ainda que inconscientemente, que nossa dedicação emocional e intelectual pode, de alguma forma, afetar o desfecho desses eventos. Esse engano, embora reconfortante, mascara a verdadeira impotência individual diante de sistemas complexos e decisões que ocorrem independentemente da nossa vontade. A ilusão do controle não apenas reforça a atração pelo "Pão e Circo", mas também nos mantém presos a ciclos de engajamento emocional que consomem tempo e energia sem oferecer uma influência real sobre os resultados.

O impulso de acreditar que temos controle sobre o que acontece ao nosso redor decorre de uma necessidade psicológica fundamental: a busca por previsibilidade e ordem em um mundo frequentemente caótico e imprevisível. Desde os primórdios da humanidade, a capacidade de identificar padrões e inferir causalidades foi essencial para a sobrevivência. No entanto, essa mesma tendência cognitiva pode distorcer nossa percepção da realidade, levando-nos a acreditar que ações subjetivas—como vestir uma camisa da sorte antes de um jogo ou participar de debates acalorados nas redes sociais—exercem impacto direto em eventos externos. Esse viés cognitivo é amplamente explorado por mecanismos midiáticos e algoritmos digitais, que reforçam a sensação de que cada curtida, comentário ou compartilhamento possui um peso significativo na construção da realidade social e política. Assim, alimenta-se a ilusão de que nossa participação virtual ou emocional tem um poder transformador, quando, na verdade, nossa capacidade de interferência efetiva é extremamente limitada nesses contextos.

Embora a ilusão do controle possa, em alguns casos, funcionar como um estímulo positivo para a ação e a persistência, sua presença excessiva pode levar à frustração e ao esgotamento emocional. Quando nos envolvemos intensamente com eventos que não podemos modificar, corremos o risco de desviar nossa atenção de aspectos concretos da vida nos quais, de fato, temos domínio e capacidade de mudança. Em vez de investir energia em debates virtuais improdutivos ou em esperanças infundadas de que nossa torcida fará diferença no placar de um jogo, um direcionamento mais consciente para ações dentro do nosso real campo de influência pode proporcionar uma sensação mais genuína de controle e realização. O desafio está em reconhecer essa ilusão e desenvolver uma visão mais equilibrada da nossa capacidade de interferir no mundo, focando naquilo que verdadeiramente está ao nosso alcance.

A raiz da ilusão do controle está na tendência humana de buscar padrões, conexões e causalidades, mesmo em situações onde o acaso e a aleatoriedade desempenham um papel predominante. No esporte, por exemplo, torcedores fervorosos frequentemente acreditam que suas emoções, energias e rituais de torcida podem influenciar o resultado de uma partida. Cânticos, superstições, vestimentas específicas e comportamentos ritualísticos são adotados na crença de que podem, de alguma forma, impulsionar o time à vitória ou afastar a derrota. Essa crença, embora sem base racional ou empírica, oferece um senso ilusório de agência e participação em eventos que, na verdade, são definidos por uma série de fatores que escapam ao controle individual.

No campo político e social, a ilusão do controle se manifesta na crença de que participar de debates online acalorados, disseminar opiniões em redes sociais ou engajar-se em manifestações pode exercer uma influência significativa sobre os acontecimentos. Indivíduos passam horas discutindo apaixonadamente sobre temas políticos, compartilhando notícias e opiniões, convencidos de que suas ações virtuais estão contribuindo para mudanças sociais ou para a defesa de suas causas. Embora a participação cívica e o engajamento político sejam importantes e valiosos, é essencial reconhecer os limites da influência individual em um sistema social complexo e multifacetado. A crença exagerada na eficácia da ação individual pode levar à frustração, desilusão e um senso de impotência quando os resultados esperados não se concretizam.

A mídia e as redes sociais reforçam constantemente essa ilusão, alimentando a crença de que participação, engajamento e expressão de opiniões em espaços públicos virtuais equivalem a exercer influência real sobre os acontecimentos. Algoritmos priorizam conteúdos virais e geram engajamento emocional, criando a falsa impressão de que opiniões populares e manifestações online têm um impacto direto e imediato na realidade. A cobertura midiática de eventos esportivos e políticos, frequentemente focada na construção de narrativas de heróis e vilões e na dramatização de conflitos e rivalidades, também contribui para essa ilusão, reforçando a ideia de que indivíduos e grupos possuem um poder significativo para moldar o curso dos acontecimentos.

As emoções intensas despertadas pelo envolvimento com eventos externos podem mascarar a impotência real do indivíduo diante de questões que fogem do seu domínio. A paixão pelo esporte, o fervor político ou a indignação moral geram uma sensação de propósito e engajamento que desvia a atenção da falta de controle efetivo sobre os eventos em si. Torcedores sentem-se profundamente conectados aos seus times, militantes políticos se envolvem intensamente com suas causas e ativistas sociais se comprometem fervorosamente com suas lutas, sem, no entanto, exercerem uma influência real e direta sobre os resultados esportivos, as decisões políticas ou as transformações sociais que almejam. Essa sensação ilusória de controle, reforçada por emoções intensas, pode funcionar como um mecanismo de compensação, suprindo a falta de controle real sobre outras áreas da vida e mascarando a impotência diante de forças e sistemas que estão além do alcance individual.

É importante ressaltar que a ilusão do controle não é um fenômeno exclusivamente negativo. Em certas situações, acreditar na própria capacidade de influenciar os acontecimentos pode ser motivador e encorajador, impulsionando a ação e a perseverança diante de desafios. A convicção de que o esforço individual pode fazer a diferença, mesmo diante de obstáculos aparentemente intransponíveis, é um motor essencial da ação humana e da busca por superação pessoal e coletiva. No entanto, quando essa ilusão se torna excessiva, desproporcional e desconectada da realidade, ela pode levar à frustração, desilusão e um senso ainda maior de impotência, além de contribuir para a perpetuação do ciclo de distração e manipulação emocional.

Reconhecer essa ilusão e aprender a delimitá-la não significa abrir mão da paixão, do engajamento ou da busca por mudanças, mas entender que nem todo investimento emocional gera impacto real. A energia desperdiçada em debates estéreis ou rituais supersticiosos pode ser redirecionada para áreas onde a ação individual realmente produz consequências concretas. O verdadeiro desafio não é desistir de participar, mas discernir onde esse envolvimento pode ser significativo e produtivo, evitando frustrações causadas por expectativas irreais.

Ao deixar de lado a crença exagerada de que podemos moldar o curso de eventos incontroláveis, abrimos espaço para outro tipo de poder: o de agir dentro do nosso próprio círculo de influência. Pequenas mudanças no dia a dia costumam ter um impacto muito maior do que a ilusão de influência sobre sistemas complexos. Em vez de desperdiçar energia tentando mover estruturas impenetráveis, podemos fortalecer laços reais, construir projetos concretos e atuar em microesferas onde nossa presença e esforço geram transformações efetivas.

Mais do que abrir mão do desejo de transformação, trata-se de reconhecer que o verdadeiro controle está em como direcionamos nossa energia e escolhas. Encontrar equilíbrio entre o que sentimos e o que realmente podemos mudar nos permite agir com mais consciência, sem nos perdermos na frustração de tentar controlar o incontrolável.

Capítulo 18
Como Romper o Ciclo

A libertação do ciclo de manipulação emocional e distração coletiva exige mais do que simples conscientização; demanda um esforço ativo de transformação pessoal e social. A mudança não ocorre espontaneamente nem de forma automática, mas através de um processo contínuo de reeducação, reflexão e ação deliberada. Para romper definitivamente com o "Pão e Circo", é essencial reconhecer os padrões que sustentam essa dinâmica e desenvolver estratégias concretas para superá-los. Isso implica não apenas compreender os mecanismos de distração e alienação impostos pelo entretenimento de massa e pela narrativa midiática, mas também cultivar uma postura ativa diante da informação, fortalecendo a autonomia intelectual e emocional. Buscar uma vida mais autêntica, engajada e consciente exige redirecionar a energia mental e emocional para aquilo que realmente está sob nosso controle, evitando desperdiçar tempo e recursos com distrações que pouco contribuem para nosso desenvolvimento.

O primeiro passo essencial nesse processo de ruptura é adotar um pensamento crítico sólido e independente. Isso significa questionar as informações recebidas, identificar vieses nos discursos midiáticos e reconhecer estratégias de manipulação emocional. Em um mundo onde a informação é abundante, mas nem sempre confiável, torna-se indispensável aprender a diferenciar fatos de narrativas fabricadas. Para isso, é preciso buscar fontes diversificadas de conhecimento e evitar as bolhas informativas que reforçam crenças pré-existentes sem promover uma análise genuína dos fatos. Fortalecer o pensamento crítico não apenas impede a aceitação passiva de conteúdos tendenciosos, mas também amplia a visão de mundo e possibilita decisões mais informadas e autônomas.

Além do pensamento crítico, é fundamental desenvolver uma relação mais equilibrada e consciente com o entretenimento e a mídia. O consumo de informação e lazer deve ser pautado por critérios racionais, e não por impulsos emocionais ou hábitos inconscientes. Isso significa estabelecer limites para o tempo dedicado a conteúdos de entretenimento e priorizar atividades que contribuam para o crescimento pessoal e intelectual. O cultivo de interesses genuínos e produtivos—como a leitura aprofundada, o aprendizado contínuo e o engajamento em debates construtivos—ajuda a direcionar o foco para temas mais relevantes e enriquecedores. Dessa forma, o indivíduo não apenas se afasta das armadilhas do "Pão e Circo", mas também preenche sua mente com experiências mais significativas, construindo uma vida pautada na autenticidade e no propósito real.

A educação, em seu sentido mais amplo, vai além da sala de aula e da simples transmissão de conhecimentos factuais. Envolve o desenvolvimento de habilidades intelectuais, emocionais e sociais que capacitam os indivíduos a analisar criticamente a realidade, formular opiniões próprias, tomar decisões conscientes e agir de maneira ética e responsável. No contexto do "Pão e Circo", a educação se concentra no fortalecimento do discernimento, do pensamento lógico e da autonomia intelectual, preparando as pessoas para serem consumidoras ativas e críticas de informação, em vez de receptoras passivas de mensagens manipuladoras.

Uma das estratégias educacionais fundamentais para romper esse ciclo é o desenvolvimento do pensamento crítico. Ele permite analisar informações de forma objetiva e racional, questionar pressupostos, identificar vieses, avaliar a credibilidade de fontes e reconhecer falácias lógicas. No contexto da manipulação emocional, o pensamento crítico age como um escudo protetor, tornando os indivíduos mais resistentes a apelos emocionais exagerados, narrativas simplistas e discursos polarizados.

Para estimular o pensamento crítico, diferentes estratégias educacionais podem ser aplicadas em diversos níveis de ensino. Desde a educação básica até a formação continuada, é essencial incentivar a formulação de perguntas, o debate de ideias, a análise de múltiplas perspectivas e a solução de problemas complexos. Atividades como a análise de notícias, a desconstrução de argumentos, a identificação de vieses em discursos e a avaliação da qualidade da informação são essenciais para fortalecer essa habilidade. A leitura crítica, o debate em grupo e a pesquisa aprofundada são ferramentas valiosas nesse processo.

Outra estratégia essencial é o desenvolvimento do letramento midiático. Ele envolve a capacidade de entender como a mídia funciona, como as mensagens são construídas, quais são seus objetivos e como podem influenciar nossas percepções, crenças e comportamentos. No contexto do "Pão e Circo", o letramento midiático capacita os indivíduos a analisar criticamente o conteúdo que consomem, identificar técnicas de manipulação emocional usadas pela mídia e discernir entre informações confiáveis e fontes questionáveis.

Para desenvolver essa habilidade, é fundamental incluir no currículo escolar e em programas de educação continuada atividades que incentivem a análise crítica de diferentes tipos de mídia—jornais, televisão, rádio, internet e redes sociais. Examinar manchetes sensacionalistas, propagandas enganosas, fake news e discursos polarizados são exemplos de exercícios que fortalecem o letramento midiático. Além disso, incentivar a produção de conteúdo pelos próprios alunos—como vídeos, podcasts e blogs—é uma maneira eficaz de desenvolver uma compreensão mais aprofundada dos mecanismos de produção e disseminação da informação, além de promover um uso mais crítico e responsável da mídia.

Além do pensamento crítico e do letramento midiático, a educação emocional desempenha um papel fundamental para romper o ciclo do "Pão e Circo". Ela envolve o desenvolvimento da capacidade de reconhecer, compreender, expressar e gerenciar as próprias emoções de maneira saudável e construtiva. No contexto da manipulação emocional, a educação emocional ajuda os indivíduos a identificar quando suas emoções estão sendo exploradas, a regular reações impulsivas, a fortalecer a resiliência e a cultivar a inteligência emocional—habilidades essenciais para resistir a apelos emocionais exagerados e tomar decisões mais racionais e conscientes.

Diferentes estratégias pedagógicas podem ser usadas para desenvolver a educação emocional, como atividades de autoconhecimento, exercícios de mindfulness, técnicas de regulação emocional, simulações de situações de pressão e discussões sobre emoções e relacionamentos interpessoais. Além disso, trabalhar a empatia, a comunicação assertiva, a resolução de conflitos e a cooperação ajuda a fortalecer a resiliência emocional e a capacidade de lidar com os desafios do mundo social.

Romper o ciclo do "Pão e Circo" não significa abrir mão do entretenimento ou se desconectar do mundo, mas aprender a consumir informação e lazer com consciência, sem ser levado por narrativas manipuladoras ou distrações vazias. O desafio não está em evitar completamente o envolvimento com temas populares, mas em desenvolver discernimento para perceber quando estamos sendo guiados por impulsos irracionais e emoções exploradas estrategicamente. Ao praticar atenção plena sobre o que consumimos e como reagimos, nos tornamos mais seletivos, investindo energia apenas no que realmente agrega valor à nossa vida e ao nosso crescimento pessoal.

Além disso, a mudança não acontece de forma isolada. Construir redes de troca de conhecimento, engajamento autêntico e debates enriquecedores fortalece tanto o indivíduo quanto a coletividade. Criar ambientes que incentivem e valorizem o pensamento crítico ajuda a enfraquecer as estruturas que perpetuam a distração coletiva e a alienação. Pequenas ações, como incentivar o diálogo aberto, compartilhar conteúdos de qualidade e promover discussões construtivas, podem gerar um efeito multiplicador, tornando a busca por uma consciência mais aguçada um movimento contínuo e expansivo.

Romper esse ciclo é uma escolha diária, um processo contínuo de aprendizado e adaptação. Não existe um único caminho ou fórmula infalível, mas sim uma disposição constante para questionar, refletir e agir de maneira mais consciente. À medida que fortalecemos nossa autonomia intelectual e emocional, nos tornamos menos vulneráveis à manipulação e mais aptos a construir uma vida baseada em escolhas autênticas e significativas. Nesse equilíbrio entre informação, engajamento e discernimento, encontramos a verdadeira liberdade.

Capítulo 19
Minimalismo Emocional

O minimalismo emocional surge como uma resposta necessária ao excesso de estímulos e à sobrecarga emocional que caracterizam a vida moderna. Em um mundo onde somos constantemente bombardeados por informações, opiniões e demandas externas, aprendemos a reagir impulsivamente a tudo ao nosso redor, deixando que nosso estado emocional seja moldado por fatores fora do nosso controle. Essa dependência de estímulos externos cria um ciclo de desgaste mental e emocional, no qual a busca incessante por novas experiências, debates ou interações se torna um mecanismo de fuga e distração. O minimalismo emocional, no entanto, propõe uma mudança profunda nessa dinâmica, ensinando-nos a reduzir a influência desses estímulos e a cultivar um estado emocional mais estável, centrado no que realmente importa para nosso bem-estar e crescimento pessoal.

O primeiro passo para essa transformação é desenvolver uma consciência mais apurada sobre o que desperta nossas reações emocionais. Muitas vezes, sentimos que devemos reagir a tudo o que acontece ao nosso redor—uma notícia alarmante, uma discussão nas redes sociais, um evento esportivo, um conflito político distante. O minimalismo emocional, porém, nos convida a questionar essa necessidade de envolvimento constante, ajudando-nos a diferenciar o que merece nossa energia do que é apenas uma distração passageira. Essa filtragem consciente não significa ignorar o mundo ou tornar-se indiferente, mas sim priorizar emoções que agregam valor à nossa vida, descartando aquelas que apenas drenam nossa energia sem trazer nenhum crescimento real.

Outro aspecto essencial do minimalismo emocional é construir uma relação mais saudável com nossas próprias emoções. Em vez de sermos reféns de impulsos emocionais desencadeados por estímulos externos, devemos aprender a reconhecer e gerenciar nossas reações de forma mais intencional. Isso envolve práticas como a atenção plena, que nos permite observar nossas emoções sem sermos dominados por elas, e o desenvolvimento da resiliência emocional, que nos fortalece diante das adversidades. Em vez de reagirmos automaticamente a cada provocação, comentário ou evento externo, aprendemos a escolher nossas batalhas e a direcionar nossa energia para aquilo que realmente contribui para nosso crescimento. Dessa forma, o minimalismo emocional não apenas nos protege do desgaste desnecessário, mas também nos permite experimentar uma vida mais equilibrada, significativa e alinhada com nossos valores.

O minimalismo emocional, em sua essência, não significa suprimir ou negar emoções, mas sim reorientar nossa relação com elas. Não se trata de eliminar a riqueza e a complexidade da experiência emocional humana, mas de direcionar nossa atenção e energia para emoções que realmente importam, aquelas que vêm de dentro, refletem nossos valores e impulsionam nosso crescimento e bem-estar. O minimalismo emocional nos convida a questionar a busca incessante por estímulos emocionais externos e a cultivar maior autonomia e autossuficiência em relação à nossa vida emocional.

Essa prática começa com um processo de autoobservação e questionamento. É essencial refletirmos sobre as fontes de nossas emoções, identificando em que medida nossas reações são desencadeadas por eventos externos, opiniões alheias ou estímulos midiáticos e digitais. Questionar a necessidade de nos envolvermos emocionalmente em debates online acalorados, em paixões efêmeras por celebridades ou em rivalidades esportivas é um passo fundamental para desconstruirmos padrões de dependência emocional e resgatarmos o controle sobre nossa atenção e energia.

Um dos pilares do minimalismo emocional é a filtragem consciente de estímulos externos. Em um mundo saturado de informações e distrações, aprender a selecionar o que realmente merece nossa atenção e energia é essencial para evitar a dispersão mental. Isso envolve reduzir o tempo dedicado a redes sociais, limitar o consumo de notícias sensacionalistas e conteúdos superficiais e priorizar atividades e informações que realmente contribuem para nosso crescimento e bem-estar.

A prática do minimalismo emocional também passa pelo cultivo da atenção plena e da presença no momento presente. Nossa mente tende a divagar, a se preocupar com o futuro ou a remoer o passado, dificultando a experiência plena do presente e a apreciação das pequenas alegrias da vida cotidiana. A atenção plena, ou mindfulness, consiste em direcionar deliberadamente o foco para o agora, observando pensamentos, emoções e sensações sem julgamento. Essa prática ajuda a nos libertarmos do ciclo de preocupações e distrações mentais, promovendo clareza, serenidade e uma maior capacidade de aproveitar o presente.

Outro aspecto essencial do minimalismo emocional é o desenvolvimento da autorregulação emocional. Isso envolve reconhecer, compreender e gerenciar as próprias emoções de forma saudável, evitando reações impulsivas e descontroladas. Essa habilidade é fundamental para resistirmos à manipulação emocional, lidarmos melhor com o estresse e mantermos o equilíbrio emocional diante das dificuldades. Técnicas como respiração consciente, exercícios de relaxamento, práticas de meditação e o fortalecimento da inteligência emocional são ferramentas valiosas para aprimorar a autorregulação.

O minimalismo emocional também se manifesta na simplificação do estilo de vida e na redução do consumismo. A cultura contemporânea frequentemente associa felicidade e bem-estar à aquisição de bens materiais e à busca incessante por prazeres momentâneos. O minimalismo emocional propõe inverter essa lógica, incentivando-nos a valorizar experiências, relacionamentos e crescimento pessoal em vez de acumular bens ou buscar gratificações instantâneas. Essa simplificação do estilo de vida reduz o estresse financeiro, libera tempo e energia para atividades mais significativas e promove um consumo mais consciente e sustentável.

Outro princípio central do minimalismo emocional é a busca por autenticidade e coerência com nossos valores. Em vez de vivermos para atender expectativas alheias ou buscar aprovação social, o minimalismo emocional nos convida a viver de acordo com nossas próprias convicções, a perseguir objetivos autênticos e a expressar nossa individualidade de forma genuína. Esse compromisso com a autenticidade fortalece a autoestima, constrói uma identidade mais sólida e promove uma vida mais alinhada com quem realmente somos.

Adotar o minimalismo emocional não significa se afastar das emoções ou negar sua importância, mas aprender a vivê-las com mais consciência e equilíbrio. Quando deixamos de ser reféns dos estímulos externos e cultivamos um espaço interno de clareza e propósito, descobrimos que é possível sentir alegria, engajamento e conexão sem cair no excesso ou na sobrecarga emocional. A simplicidade emocional nos permite alcançar um estado de serenidade em que nossas reações deixam de ser automáticas e passam a ser intencionais, alinhadas com nossos verdadeiros valores.

Essa transformação não acontece de um dia para o outro, mas é um processo contínuo de desapego do que não nos acrescenta e de fortalecimento do que realmente importa. Pequenas mudanças diárias, como escolher conscientemente quais batalhas emocionais valem a pena, reduzir o consumo de informações tóxicas e praticar a atenção plena, contribuem para uma vida mais equilibrada e significativa. Com o tempo, percebemos que não precisamos nos envolver em cada tempestade emocional ao nosso redor para nos sentirmos vivos— basta aprender a valorizar a tranquilidade e o silêncio como fontes genuínas de bem-estar.

Minimalismo emocional é um convite à liberdade. Ao reduzir o ruído mental e emocional, abrimos espaço para o que realmente nos nutre: conexões autênticas, experiências enriquecedoras e um estado de presença mais profundo. Ao simplificarmos nossas emoções, encontramos, paradoxalmente, uma vida mais rica e plena.

Capítulo 20
O Poder da Autorresponsabilidade

A autorresponsabilidade emocional é um marco essencial na construção de uma vida plena e consciente. Em uma sociedade que frequentemente transfere a culpa e delega o próprio bem-estar a fatores externos, assumir o controle sobre as próprias emoções é um ato de verdadeira autonomia. Isso exige que cada indivíduo compreenda que suas reações emocionais não são impostas pelas circunstâncias ou por outras pessoas, mas resultam do modo como interpreta e responde a essas influências. Em vez de permitir que fatores externos determinem seu estado emocional, a autorresponsabilidade convida à introspecção e ao fortalecimento da inteligência emocional, proporcionando uma vida menos reativa e mais equilibrada.

Esse processo começa com o reconhecimento dos padrões de pensamento e comportamento que perpetuam a dependência emocional de estímulos externos. Muitas vezes, as pessoas se veem presas a ciclos de frustração, raiva ou insatisfação porque acreditam que sua felicidade depende do comportamento de terceiros, do sucesso de uma causa externa ou da validação social. No entanto, ao aceitar que as próprias emoções são fruto de interpretações internas, abre-se um caminho para o desenvolvimento de estratégias eficazes de regulação emocional. Isso inclui a prática da atenção plena, a ressignificação de crenças limitantes e a adoção de hábitos que promovam a estabilidade emocional. Dessa forma, a autorresponsabilidade não significa ignorar os desafios externos, mas fortalecer a capacidade de enfrentá-los com clareza e maturidade.

Ao adotar essa perspectiva, o indivíduo se liberta da busca constante por culpados e passa a focar em soluções e melhorias internas. A autorresponsabilidade permite tomar posse do próprio destino, eliminando a necessidade de depender de eventos incontroláveis para sentir-se realizado. Esse estado de consciência não apenas reduz o impacto de distrações manipuladoras, como também promove relações interpessoais mais saudáveis, baseadas em autenticidade e maturidade emocional. No fim, a verdadeira liberdade não está na ausência de desafios externos, mas na capacidade de responder a eles com inteligência, equilíbrio e um senso genuíno de controle sobre a própria vida.

A autorresponsabilidade, em sua essência, implica reconhecer que somos os principais arquitetos da nossa experiência emocional. Significa abandonar a postura de vítima, de receptor passivo de estímulos externos, e assumir o papel de agentes ativos na construção da nossa realidade emocional. Em vez de culpar o mundo, as circunstâncias ou os outros por nossos sentimentos, a autorresponsabilidade nos convida a olhar para dentro, a identificar nossos próprios padrões de pensamento, crenças limitantes e mecanismos de defesa que moldam nossas reações emocionais.

    Assumir a responsabilidade pelas próprias emoções não significa negar a influência do mundo exterior ou ignorar o impacto de eventos e pessoas em nossas vidas. Significa, sim, reconhecer que, embora não possamos controlar o que acontece ao nosso redor, temos o poder de escolher como reagimos a esses acontecimentos. A autorresponsabilidade reside na capacidade de distinguir entre o que está sob nosso controle e o que não está, concentrando nossa energia no que realmente podemos transformar: nossas reações, nossas escolhas e nossos comportamentos.

    Um dos primeiros passos para desenvolver a autorresponsabilidade emocional é reconhecer e abandonar a tendência de culpar o outro por nossos sentimentos. Em momentos de frustração, raiva ou tristeza, é comum atribuir a outras pessoas ou circunstâncias a responsabilidade pelo que sentimos. No entanto, essa postura de vitimização, além de nos aprisionar em um ciclo de ressentimento e impotência, nos impede de reconhecer nosso próprio papel na forma como vivemos nossas emoções. A autorresponsabilidade nos convida a questionar essa tendência, a analisar nossas reações e a identificar padrões de pensamento que nos levam a determinadas emoções diante de estímulos externos.

    A auto-observação e a reflexão crítica sobre nossos padrões emocionais são fundamentais para desenvolver a autorresponsabilidade. Ao observar como reagimos em diferentes situações, podemos identificar gatilhos recorrentes, pensamentos disfuncionais e crenças limitantes que influenciam nossas emoções. Esse processo nos ajuda a compreender as raízes de nossas reações e a enxergar áreas da nossa vida emocional que precisam ser transformadas. O autoconhecimento, construído por meio da autoobservação e da reflexão, é a base para a autorresponsabilidade emocional.

Além disso, a autorresponsabilidade envolve desenvolver a capacidade de regular as próprias emoções de forma saudável e construtiva. Em vez de reprimir ou negar emoções, devemos aprendê-las a acolher, compreender e expressar de maneira equilibrada. Técnicas como respiração consciente, exercícios de relaxamento, práticas de meditação e o fortalecimento da inteligência emocional são ferramentas valiosas para melhorar a autorregulação emocional e lidar com sentimentos intensos com mais consciência e maturidade. Esse domínio sobre as próprias emoções ajuda a evitar reações impulsivas, a tomar decisões mais racionais e a manter o equilíbrio emocional mesmo em situações desafiadoras.

A prática da autorresponsabilidade emocional não acontece de forma rápida ou fácil. Exige autoconsciência, disciplina, persistência e, acima de tudo, coragem para enfrentar padrões emocionais e crenças limitantes. É um processo contínuo de autodescoberta e transformação, que requer paciência, autocompaixão e compromisso com o próprio crescimento. No entanto, os benefícios são imensos e transformadores. Ao assumirmos o controle sobre nossas emoções, conquistamos a liberdade de não sermos reféns de estímulos externos, de opiniões alheias ou de narrativas manipuladoras. Desenvolvemos a resiliência emocional para lidar com os desafios da vida, fortalecemos nossos relacionamentos interpessoais e construímos uma autoestima mais sólida e autêntica.

A jornada da autorresponsabilidade emocional não é isenta de desafios, mas cada passo fortalece a autonomia e a clareza sobre quem realmente somos. Quando deixamos de buscar culpados e passamos a focar em soluções internas, nos libertamos da dependência emocional de fatores externos e encontramos um senso mais profundo de propósito e realização. Esse processo não significa isolamento ou insensibilidade, mas sim cultivar uma relação mais equilibrada com o mundo, onde nossas emoções deixam de ser reféns do acaso e passam a ser direcionadas de forma consciente e intencional.

Ao desenvolver essa habilidade, entendemos que a verdadeira segurança não está na previsibilidade dos acontecimentos, mas na confiança de que podemos lidar com eles da melhor forma possível. Cada obstáculo se torna uma oportunidade de crescimento, e cada desafio, um convite para aprimorar nossa inteligência emocional. As relações tornam-se mais autênticas, livres do peso da expectativa exagerada e da necessidade de controle sobre os outros. Em vez de buscar mudanças externas para encontrar paz, passamos a construí-la dentro de nós, compreendendo que o poder de transformar nossa experiência sempre esteve em nossas mãos.

Autorresponsabilidade nos presenteia com a mais valiosa das liberdades: viver de forma consciente e autônoma, sem ser arrastado pelos ventos das circunstâncias. Quando assumimos o comando de nossas emoções, deixamos de ser espectadores passivos da vida e nos tornamos protagonistas da nossa própria história, cultivando um equilíbrio que nos permite enfrentar qualquer tempestade sem perder a essência do que realmente somos.

Capítulo 21
A Mente de Alta Performance

A mente de alta performance se desenvolve a partir de um conjunto de habilidades, hábitos e estratégias que permitem maximizar o potencial humano em qualquer área. Ao contrário da crença de que apenas alguns nascem com talentos excepcionais, a alta performance é fruto de um processo contínuo, baseado em disciplina, mentalidade de crescimento e clareza de objetivos. Esses indivíduos demonstram um nível diferenciado de concentração e autocontrole, conseguindo manter o foco mesmo diante de distrações e desafios. Além de gerenciar suas emoções com inteligência, estruturam suas rotinas estrategicamente, garantindo que cada ação esteja alinhada com seus propósitos. A busca constante pelo aprimoramento e a capacidade de adaptação são características fundamentais dessas mentes, permitindo que superem obstáculos e se destaquem em suas áreas.

O diferencial dessas pessoas está na forma como percebem e reagem aos desafios do dia a dia. Em vez de se deixarem levar por impulsos ou estímulos externos que desviam a atenção, desenvolvem um filtro mental que seleciona apenas o que contribui para seus objetivos. Esse controle não acontece por acaso, mas resulta de práticas constantes de autoconhecimento, treinamento mental e hábitos estruturados que reforçam a resiliência e a eficiência. Enquanto muitos cedem à procrastinação ou ao imediatismo das gratificações momentâneas, indivíduos de alta performance compreendem o valor da consistência e do esforço contínuo. Dessa forma, não apenas alcançam grandes feitos, mas também sustentam um desempenho elevado ao longo do tempo, transformando desafios em oportunidades de crescimento.

Além da clareza de objetivos e da gestão eficiente da atenção, a alta performance está diretamente ligada à capacidade de regular as emoções e manter um equilíbrio psicológico sólido. A inteligência emocional permite que esses indivíduos enfrentem pressões e adversidades sem perder a estabilidade, tornando-se menos vulneráveis ao estresse e à desmotivação. Em vez de permitirem que sentimentos negativos limitem suas possibilidades, utilizam suas emoções como combustível para a ação. Essa autorregulação emocional, combinada com uma mentalidade voltada para o crescimento e o aprendizado contínuo, mantém sua motivação e engajamento. A busca pelo conhecimento e a disposição para se reinventar fazem dessas pessoas exemplos de excelência, mostrando que a alta performance não é privilégio de poucos, mas uma escolha acessível a quem estiver disposto a cultivar os hábitos certos.

Pesquisas em psicologia e neurociência indicam que pessoas de alta performance compartilham um traço fundamental: a habilidade de filtrar seletivamente estímulos externos, concentrando atenção e energia no que realmente importa. Enquanto a maioria se deixa levar pelo fluxo incessante de informações, distrações e apelos emocionais, essas mentes desenvolvem um "filtro mental" que lhes permite distinguir o essencial do supérfluo, o produtivo do irrelevante. Essa seletividade mental não é inata, mas uma habilidade cultivada com disciplina, autoconsciência e práticas específicas.

Um dos pilares da alta performance é a clareza de objetivos e a definição de prioridades. Indivíduos de alta performance têm uma visão nítida de seus objetivos de longo prazo e estabelecem prioridades bem definidas para suas ações diárias. Essa clareza funciona como um farol que os orienta em meio às distrações, ajudando-os a resistir à tentação de se desviar em busca de gratificações momentâneas ou envolvimentos emocionais irrelevantes. Definir prioridades auxilia na alocação eficiente de tempo e energia, garantindo que os recursos mentais e emocionais sejam direcionados para atividades que realmente impulsionam seus objetivos.

Outra característica marcante é a capacidade de gerenciar emoções de forma eficaz, evitando reações impulsivas ou descontroladas. Indivíduos de alta performance não são desprovidos de emoções, mas sabem regulá-las, utilizando-as como fonte de informação e motivação, em vez de serem dominados por elas. Essa inteligência emocional permite que mantenham a calma e a clareza mental em situações de pressão e estresse, tomem decisões racionais mesmo diante de desafios e persistam apesar de contratempos.

A autorregulação emocional é essencial para manter o foco e a produtividade a longo prazo.

A disciplina e uma rotina estruturada são fundamentais no dia a dia dessas pessoas. Quem atinge o sucesso geralmente segue rotinas rigorosas, com horários definidos para trabalho, descanso, exercício físico e lazer. Essa estrutura favorece a concentração, a produtividade e a manutenção de hábitos saudáveis, reduzindo a chance de procrastinação e distrações. A disciplina, nesse contexto, não é vista como uma restrição, mas como um instrumento de autonomia, permitindo que a pessoa controle seu tempo e energia e os direcione para o que realmente importa.

A mentalidade de crescimento, ou *growth mindset*, também é um traço comum entre pessoas de alta performance. Essa mentalidade se baseia na crença de que habilidades e inteligência podem ser desenvolvidas com esforço, dedicação e aprendizado contínuo. Indivíduos com essa visão encaram desafios e fracassos não como barreiras intransponíveis ou sinais de falta de capacidade, mas como oportunidades de aprendizado e crescimento. Esse modo de pensar, resiliente e otimista, permite que persistam diante das dificuldades, aprendam com os erros e mantenham a motivação a longo prazo. Em contraste, a mentalidade fixa, ou *fixed mindset*, leva à crença de que habilidades e inteligência são inatas e imutáveis, resultando no medo do fracasso, na evitação de desafios e na menor resiliência diante de adversidades.

A busca contínua por conhecimento e o desenvolvimento de habilidades são hábitos essenciais das mentes de alta performance. Quem alcança o sucesso geralmente é um aprendiz incansável, sempre em busca de novos conhecimentos e se mantendo atualizado sobre avanços em sua área. Essa sede por aprendizado não apenas os mantém competitivos em um mundo dinâmico, mas também alimenta a curiosidade intelectual, mantém suas mentes ativas e proporciona um senso constante de evolução pessoal.

Alta performance não é só alcançar grandes resultados, mas sustentar um estilo de vida baseado no aprimoramento contínuo. Isso exige equilíbrio entre disciplina e flexibilidade, permitindo adaptação a diferentes contextos sem comprometer princípios e objetivos. A verdadeira excelência não está no sucesso momentâneo, mas na capacidade de transformar cada experiência em um passo para a evolução pessoal e profissional. Esse compromisso com o progresso contínuo torna essas mentes não apenas mais eficazes, mas também mais resilientes diante das mudanças e incertezas da vida.

Além disso, buscar alta performance não significa ser obcecado por perfeição. Enquanto o perfeccionismo pode gerar ansiedade e autossabotagem, a mentalidade de crescimento valoriza o processo, não só o resultado final. O aprendizado vem tanto dos acertos quanto dos erros, e quem entende isso mantém a motivação mesmo diante de fracassos temporários. O segredo está na constância e na disposição para ajustar estratégias sempre que necessário, sem perder de vista os propósitos que impulsionam.

Desenvolver uma mente de alta performance é uma jornada pessoal que exige autoconhecimento, paciência e dedicação. Não é uma habilidade exclusiva de poucos, mas uma construção diária baseada em hábitos, escolhas e uma visão clara de futuro. Quem se compromete com essa transformação não só alcança melhores resultados, mas também encontra um sentido mais profundo em suas ações, tornando-se exemplo de determinação, equilíbrio e excelência.

Capítulo 22
Como Reprogramar a Mente

A reprogramação da mente é um processo intencional e estruturado que busca modificar padrões de pensamento, crenças limitantes e reações automáticas que, muitas vezes, operam sem que nos demos conta. Longe de ser um conceito abstrato ou inalcançável, essa transformação se baseia na neuroplasticidade, que comprova a capacidade do cérebro de criar e fortalecer novas conexões neurais ao longo da vida. Dessa forma, qualquer pessoa pode reformular sua maneira de pensar e sentir, substituindo comportamentos prejudiciais por hábitos mentais mais saudáveis e construtivos. Esse processo envolve identificar crenças e padrões automáticos que nos mantêm presos a ciclos emocionais negativos, questioná-los e substituí-los conscientemente por narrativas mais fortalecedoras e alinhadas ao nosso crescimento pessoal.

O primeiro passo para reprogramar a mente é desenvolver consciência. Muitos dos pensamentos que moldam nossas emoções e comportamentos operam de maneira automática e são baseados em experiências passadas, influências culturais e padrões inconscientes absorvidos ao longo da vida. Eles determinam nossa percepção da realidade e influenciam como reagimos ao mundo. Identificar esses padrões é essencial para interromper ciclos prejudiciais e criar espaço para novas formas de pensar. A partir desse reconhecimento, o próximo estágio é desafiar ativamente crenças que limitam nosso potencial. Isso pode ser feito por meio da reestruturação cognitiva, técnica amplamente utilizada na psicologia, que consiste em analisar a validade de um pensamento negativo e substituí-lo por uma perspectiva mais equilibrada e realista.

Além da reestruturação cognitiva, a reprogramação mental se fortalece com técnicas práticas como visualização criativa, repetição de afirmações positivas e o uso da atenção plena (*mindfulness*). A visualização permite que o cérebro simule mentalmente novos comportamentos e resultados desejados, reforçando conexões neurais que favoreçam mudanças reais. Já as afirmações ajudam a construir um novo diálogo interno, promovendo crenças mais fortalecedoras. A prática da atenção plena ensina a observar pensamentos e emoções sem se deixar dominar por eles, criando um estado de presença que facilita escolhas mais conscientes. Com a aplicação consistente dessas estratégias, a mente se torna mais livre, resiliente e alinhada aos objetivos que realmente importam.

Os avanços da neurociência nas últimas décadas revelaram que o cérebro humano tem uma notável capacidade de se remodelar e se adaptar ao longo da vida. Essa plasticidade neuronal comprova que padrões de pensamento e comportamento, mesmo os mais arraigados, podem ser modificados por meio de prática, repetição e novas experiências. Entender os princípios básicos da neuroplasticidade e o funcionamento do sistema de recompensa cerebral fornece insights valiosos sobre como reprogramar a mente e quebrar ciclos viciosos de dependência emocional.

Um dos mecanismos centrais da neuroplasticidade é a repetição. Padrões de pensamento e comportamento que são ativados com frequência fortalecem suas conexões neurais, tornando-se mais automáticos e habituais. Por outro lado, padrões pouco utilizados tendem a enfraquecer, abrindo espaço para novas conexões. Essa dinâmica explica como hábitos se formam e podem ser desfeitos. Para reprogramar a mente, é fundamental identificar padrões disfuncionais que reforçam a dependência emocional e substituí-los por formas mais saudáveis e construtivas de pensar e agir, por meio de prática e repetição consciente.

A Programação Neurolinguística (PNL) oferece técnicas e modelos práticos para a reprogramação mental, explorando a relação entre linguagem, neurologia e comportamento. Um dos métodos mais relevantes é o *reframing*, ou reestruturação cognitiva, que consiste em mudar a perspectiva sobre um pensamento, evento ou situação, alterando seu significado e impacto emocional. Por exemplo, um pensamento como "Preciso da aprovação dos outros para ser feliz" pode ser reformulado para "Minha felicidade depende de mim e da minha autoaprovação". Essa prática ajuda a desafiar crenças limitantes, modificar interpretações negativas e adotar perspectivas mais positivas e fortalecedoras.

Outra técnica útil da PNL é a âncora, que consiste em associar um estado emocional desejado a um estímulo sensorial específico, como um toque, uma palavra ou uma imagem. Criando âncoras para estados emocionais positivos – como calma, confiança ou motivação –, podemos acessá-los conscientemente em momentos de necessidade, auxiliando na regulação emocional e na quebra de padrões impulsivos. Já a visualização, outra técnica poderosa da PNL, envolve criar imagens mentais detalhadas de si mesmo vivenciando estados emocionais desejados ou alcançando objetivos. Esse exercício fortalece a crença na própria capacidade de mudança e programa o cérebro para o sucesso.

A psicologia cognitiva também contribui para a reprogramação mental por meio da reestruturação cognitiva, técnica voltada para a modificação de padrões disfuncionais de pensamento. Esse método envolve identificar pensamentos automáticos negativos, questionar sua validade e substituí-los por ideias mais realistas e equilibradas. Como nossos pensamentos influenciam nossas emoções e comportamentos, reformular padrões negativos pode gerar mudanças positivas em nossa forma de sentir e agir. O questionamento socrático, a identificação de distorções cognitivas e a formulação de pensamentos alternativos são ferramentas úteis nesse processo.

A prática de *mindfulness* também se destaca como uma ferramenta valiosa para a reprogramação mental. Ela consiste em direcionar a atenção ao momento presente, sem julgamentos, observando pensamentos, emoções e sensações corporais como eventos passageiros, sem se identificar com eles. A prática regular desenvolve a autoconsciência emocional, reduz reações impulsivas e fortalece a capacidade de observar pensamentos e emoções de forma objetiva, criando um espaço para escolhas mais conscientes.

Para reprogramar a mente e romper com o ciclo do "Pão e Circo", é fundamental adotar uma abordagem integrada e consistente, incorporando técnicas da neurociência, PNL e psicologia cognitiva na rotina diária. Exercícios práticos como questionar pensamentos automáticos negativos, usar *reframing* e âncoras emocionais, visualizar estados desejados, praticar *mindfulness* e repetir afirmações positivas podem ajudar a modificar padrões de pensamento disfuncionais, fortalecer a autorregulação emocional e criar novos circuitos neurais que sustentem uma mente mais equilibrada e resiliente.

A reprogramação mental não acontece da noite para o dia, mas é fruto de um processo contínuo de conscientização e prática. Pequenos ajustes diários no padrão de pensamento e na forma como lidamos com as emoções podem gerar transformações profundas ao longo do tempo. A chave está na consistência e na disposição para substituir crenças limitantes por novas perspectivas que favoreçam o crescimento pessoal. Com paciência e comprometimento, a mente aprende a operar em um estado mais positivo e produtivo, tornando-se um instrumento poderoso para a conquista de objetivos.

Mais do que modificar pensamentos, reprogramar a mente é assumir o controle da própria narrativa e redefinir o que é possível. À medida que velhos padrões se enfraquecem e novos hábitos mentais se consolidam, cria-se um ambiente interno propício ao desenvolvimento da confiança e da resiliência. Essa transformação reflete não apenas na forma como interpretamos o mundo, mas também em nossas atitudes, relações e capacidade de superar desafios com equilíbrio e clareza.

Reprogramar a mente é uma jornada de autodescoberta que permite transcender limitações impostas pelo passado e abraçar um futuro com mais liberdade e propósito. Quando entendemos que o cérebro é maleável e temos o poder de direcioná-lo para caminhos mais construtivos, nos tornamos protagonistas da própria evolução. Afinal, a realidade externa é, muitas vezes, um reflexo da forma como escolhemos enxergá-la e interpretá-la.

Capítulo 23
A Arte do Desapego

O desapego emocional é essencial para alcançar equilíbrio e liberdade interior em um mundo que nos empurra constantemente para a dependência de validação externa e recompensas passageiras. Desenvolver essa habilidade não significa se tornar indiferente ou insensível, mas aprender a experienciar as emoções de forma consciente, sem ser dominado por elas. Trata-se de manter relações, objetivos e conquistas sem permitir que esses fatores definam o próprio valor ou determinem a felicidade. Quando a mente se liberta da necessidade de controle absoluto e de expectativas rígidas sobre o futuro, abre-se espaço para uma vida mais autêntica e serena, onde as emoções são compreendidas e vividas com equilíbrio, sem os extremos da dependência ou da negação.

Esse processo exige um entendimento profundo sobre a impermanência da vida. Tudo muda constantemente, desde experiências cotidianas até laços afetivos e realizações pessoais. Apegar-se intensamente a algo que, por natureza, é passageiro, leva inevitavelmente à frustração e ao sofrimento. O desapego emocional não significa não se importar, mas aceitar as mudanças sem resistência, compreendendo que cada experiência tem seu ciclo e que tentar retê-las gera apenas angústia. Aceitar a impermanência permite valorizar o presente sem ansiedade pelo futuro ou arrependimentos pelo passado, promovendo uma vida mais leve e significativa.

Para cultivar o desapego, é essencial fortalecer a autonomia emocional e construir um senso de valor que não dependa de fatores externos. Quando a autoestima se baseia em valores internos sólidos, a necessidade de validação diminui, permitindo decisões mais autênticas e conscientes. Práticas como meditação, atenção plena e gratidão ajudam nesse fortalecimento, ensinando a observar pensamentos e emoções sem se deixar levar por eles. A verdadeira liberdade emocional surge ao compreender que a felicidade não está no controle do incontrolável, mas na capacidade de viver cada momento plenamente, aceitando a transitoriedade da vida com serenidade e confiança.

Ao contrário do que muitos pensam, desapego emocional não significa ausência de sentimentos ou indiferença. Na verdade, trata-se da capacidade de viver as emoções de forma plena, sem se deixar aprisionar por elas. É amar sem possessividade, se importar sem dependência e se engajar em projetos e paixões sem condicionar a felicidade a resultados externos. O desapego emocional liberta da montanha-russa emocional imposta pelo ciclo do "Pão e Circo", permitindo uma vida mais equilibrada e serena.

Um dos princípios fundamentais dessa prática é entender a natureza transitória de todas as experiências, sejam positivas ou negativas. Tudo na vida está em constante mudança, desde as estações do ano até os relacionamentos e conquistas materiais. Apegar-se excessivamente a pessoas, situações ou resultados externos inevitavelmente gera sofrimento, pois a impermanência sempre nos confronta com perdas, mudanças e frustrações. Cultivar essa consciência é o primeiro passo para desenvolver o desapego emocional e se libertar da busca por segurança e felicidade em fontes instáveis e passageiras.

A aceitação radical é outra ferramenta essencial nesse processo. Aceitação radical não significa passividade ou conformismo, mas sim acolher a realidade como ela é, sem resistência, julgamento ou desejo de que as coisas sejam diferentes. Lutar contra o inevitável e se apegar a um passado inalterável ou a um futuro incerto gera sofrimento e desgaste emocional. A aceitação radical convida a abraçar o presente com abertura e curiosidade, enfrentar desafios com resiliência e encontrar paz ao aceitar a realidade como ela se apresenta.

O desenvolvimento da autoestima e da autoconfiança, fundamentadas em valores internos e não na aprovação externa, também é essencial para o desapego emocional. Quando o senso de valor pessoal depende excessivamente de conquistas, opiniões alheias ou resultados específicos, a pessoa se torna vulnerável às oscilações emocionais impostas pelo "Pão e Circo". Construir uma autoestima sólida, baseada em qualidades internas e autoconhecimento, reduz a necessidade de validação externa e fortalece a capacidade de lidar com a incerteza e a impermanência com mais equilíbrio.

A meditação e a atenção plena (*mindfulness*) são ferramentas valiosas para esse processo. A prática da *mindfulness* ensina a observar pensamentos e emoções com distanciamento e objetividade, sem se identificar com eles. Essa observação consciente permite reconhecer a transitoriedade das emoções, compreendendo que são apenas eventos mentais passageiros, e desenvolver a capacidade de lidar com elas com mais serenidade e menos impulsividade. A prática regular fortalece a autorregulação emocional, reduz ansiedade e estresse e promove um estado de paz interior que favorece o desapego emocional.

A gratidão também desempenha um papel fundamental nesse processo. Valorizar as experiências presentes, desde pequenas alegrias cotidianas até grandes conquistas, desloca o foco da mente da busca incessante por mais para a apreciação do que já existe. A gratidão ensina a reconhecer a abundância da vida, reduzindo a necessidade de sempre querer mais ou depender de fatores externos para sentir felicidade. Esse hábito fortalece a resiliência emocional, aumenta o bem-estar psicológico e promove um contentamento genuíno, facilitando o desapego emocional.

Desenvolver o desapego emocional exige coragem e autoconhecimento. É preciso disposição para soltar o que já não serve, aceitar o fluxo natural da vida e confiar na própria capacidade de adaptação. A verdadeira liberdade emocional surge quando entendemos que a felicidade não está em controlar o incontrolável, mas em viver cada momento plenamente, sem amarras ao passado ou ansiedade pelo futuro. Essa mudança de perspectiva nos permite seguir com leveza, acolhendo as experiências como oportunidades de aprendizado e crescimento.

Com o tempo, praticar o desapego se torna algo natural, e a paz interior deixa de depender de fatores externos. O sofrimento gerado pelo medo da perda ou pela necessidade de controle dá lugar a uma aceitação mais serena da realidade, permitindo relações mais saudáveis e uma conexão mais genuína com o presente. Em vez de buscar segurança em coisas efêmeras, passamos a encontrar força dentro de nós, cultivando um senso de completude que não se abala diante das incertezas da vida.

Desapegar é abrir espaço para novas possibilidades, para uma existência mais autêntica e para um estado de presença verdadeira. Quando paramos de nos prender ao que já cumpriu seu ciclo, encontramos liberdade para seguir em frente, com a mente mais leve e o coração mais tranquilo. O desapego não significa perder, mas permitir que a vida flua com mais harmonia, trazendo exatamente o que precisamos para evoluir.

Capítulo 24
Criando Sua Própria Narrativa

Construir a própria narrativa de vida é um ato de autonomia e autenticidade, permitindo que cada indivíduo transcenda influências externas e defina um caminho alinhado com sua verdadeira essência. Em um mundo onde histórias pré-fabricadas são constantemente impostas pela sociedade, pelos meios de comunicação e pelas expectativas culturais, assumir o controle da própria trajetória é um gesto de resistência e empoderamento. Em vez de seguir roteiros que priorizam aceitação social ou validação externa, criar uma narrativa pessoal significa estabelecer metas baseadas em valores internos, desenvolver paixões genuínas e cultivar uma identidade sólida, sem depender de símbolos superficiais de status ou sucesso. Esse processo fortalece a autoconfiança e a resiliência, ao mesmo tempo que proporciona um profundo senso de propósito e realização.

A construção dessa narrativa começa com uma reflexão sincera sobre o que realmente importa. Muitas vezes, as direções que seguimos na vida são moldadas por padrões herdados ou influências externas que nem sempre ressoam com nossa verdadeira natureza. Questionar essas imposições e identificar o que desperta entusiasmo genuíno é essencial para trilhar um caminho autêntico. Isso envolve reconhecer talentos naturais, explorar interesses profundos e definir objetivos que tragam significado real à existência. Quando os esforços são direcionados para metas alinhadas com a essência pessoal, o processo de crescimento se torna mais satisfatório, e a busca por realização deixa de estar atrelada a padrões externos.

Além de estabelecer metas e propósitos próprios, é fundamental fortalecer uma identidade baseada em realizações concretas e valores internos. O mundo moderno incentiva identidades construídas em torno de imagens projetadas, validação social e conquistas materiais que, por serem externas, tornam-se frágeis e insustentáveis. Em contraste, uma identidade sólida se ancora no desenvolvimento de habilidades, no aprendizado contínuo e na contribuição para algo maior que o próprio ego. Ao investir tempo e energia na construção de uma trajetória significativa, sem depender de fatores externos para justificar sua validade, cada indivíduo se torna o autor da própria história, libertando-se das distrações e ilusões do "Pão e Circo" e trilhando um caminho de realização genuína.

A construção de uma narrativa de vida é um processo profundamente humano e essencial para o bem-estar psicológico. Desde os primórdios da civilização, as histórias servem para dar sentido ao mundo, transmitir valores e conectar pessoas a um propósito maior. Em nível individual, construir uma narrativa pessoal permite organizar experiências, integrar passado, presente e futuro de forma coerente e encontrar um sentido de direção e propósito na jornada. Quando essa narrativa é autêntica e alinhada com os próprios valores, torna-se um escudo contra a alienação e a falta de propósito impostas pelo "Pão e Circo".

O ponto de partida para criar essa narrativa está na definição de objetivos autênticos e significativos. Em vez de seguir metas impostas externamente, expectativas sociais ou desejos fabricados pela cultura de consumo, é essencial refletir sobre o que realmente importa, quais valores são inegociáveis e quais objetivos ressoam genuinamente com a própria essência. Essas metas podem abranger diversas áreas da vida, como desenvolvimento profissional, intelectual, relacionamentos, saúde, crescimento espiritual e contribuição para a sociedade. O mais importante é escolher objetivos que tragam inspiração e motivação genuínas, proporcionando um senso de realização que vai além da busca por validação externa ou gratificação momentânea.

O desenvolvimento de paixões internas também desempenha um papel essencial na construção da narrativa de vida. Essas paixões são atividades, interesses ou causas que despertam entusiasmo, curiosidade e engajamento genuíno, proporcionando alegria e um estado de fluxo natural. Explorar talentos, experimentar novas atividades, conectar-se com valores profundos e dedicar tempo ao que gera verdadeira satisfação são caminhos para descobrir e nutrir essas paixões. Diferente de paixões artificiais criadas pelo "Pão e Circo", essas são fontes autênticas de motivação e energia criativa, trazendo um propósito que emana de dentro para fora.

A construção de uma identidade sólida e autêntica, baseada em realizações concretas e valores internos, é a base para sustentar essa narrativa. Em vez de definir a identidade com base em afiliações externas, conquistas alheias ou símbolos de status, é essencial desenvolver um senso de valor pessoal ancorado nas próprias qualidades, habilidades, esforços e contribuições para o mundo. Desenvolver competências, aprender novas habilidades, superar desafios pessoais, contribuir para projetos significativos e cultivar relacionamentos genuínos são formas de construir uma identidade resiliente, guiada por princípios próprios. Essa identidade autêntica se torna um farol em meio às incertezas da vida e um escudo contra influências externas e comparações sociais.

O foco em metas pessoais e na construção de uma vida com propósito reduz significativamente a necessidade de apego a símbolos externos para encontrar felicidade e realização. Quando se está envolvido em projetos alinhados com valores internos, cultivando paixões genuínas e desenvolvendo uma identidade baseada em realizações concretas, a busca por validação externa e distrações efêmeras perde a relevância. O bem-estar e a felicidade passam a ser encontrados na jornada de crescimento pessoal, na busca por objetivos autênticos e na vivência de uma vida alinhada com valores profundos.

Ao longo dessa jornada de autoconstrução, é natural enfrentar desafios e momentos de incerteza.

Criar a própria narrativa exige coragem para questionar normas, resistência para lidar com críticas e persistência para seguir um caminho singular, mesmo quando parece solitário. Mas é na superação desses obstáculos que a autenticidade se fortalece. Cada escolha consciente, cada passo em direção a um propósito genuíno reforça a confiança na própria trajetória e dissolve a necessidade de aprovação externa, tornando o processo de construção pessoal ainda mais significativo.

Com o tempo, essa narrativa se torna mais do que um reflexo da identidade, tornando-se também uma bússola para decisões futuras. Quando a vida é guiada por valores sólidos e paixões genuínas, as incertezas deixam de ser paralisantes e se transformam em oportunidades de crescimento. Assim, a busca por um propósito autêntico deixa de ser um ideal distante e passa a ser uma prática diária, expressa em pequenas ações e escolhas que ressoam com a verdade interior de cada indivíduo.

Ser o autor da própria história é um privilégio e uma responsabilidade. É um ato de liberdade e, ao mesmo tempo, um compromisso com a própria essência. Em um mundo repleto de distrações e narrativas artificiais, aqueles que constroem suas vidas com autenticidade encontram um senso de realização duradouro, alicerçado no que realmente importa. E, ao escreverem suas próprias histórias, inspiram outros a fazer o mesmo, criando um ciclo contínuo de autenticidade e propósito.

Capítulo 25
Resgatando o Controle Emocional

O controle emocional é uma habilidade essencial para quem busca mais autonomia e resiliência, sem ficar refém de impulsos momentâneos ou da influência de estímulos externos. Em um mundo onde emoções são constantemente manipuladas por narrativas midiáticas, redes sociais e estratégias de marketing, recuperar o domínio sobre a própria mente torna-se um ato de libertação. Diferente da repressão emocional, que apenas intensifica o sofrimento, o verdadeiro controle emocional envolve compreender, aceitar e direcionar as emoções de maneira consciente e estratégica. Esse domínio interno permite enfrentar desafios com clareza e equilíbrio, transformando as emoções em aliadas, não em obstáculos.

O primeiro passo nesse processo é desenvolver a autoconsciência, identificando padrões emocionais, gatilhos recorrentes e a forma como certas emoções influenciam pensamentos e comportamentos. A prática da atenção plena (mindfulness) é uma ferramenta poderosa para isso, pois ensina a observar as emoções sem ser dominado por elas. Exercícios de respiração consciente, meditação e registro emocional ajudam a construir essa consciência interna, permitindo respostas mais ponderadas diante de situações que antes gerariam reações impulsivas. Além disso, questionar pensamentos automáticos e reformular crenças limitantes são práticas fundamentais para reduzir o impacto de emoções negativas intensificadas por narrativas internas distorcidas.

Outro aspecto essencial do controle emocional é a regulação dos estados emocionais. Técnicas como reestruturação cognitiva, visualização positiva e estabelecimento de âncoras emocionais ajudam a modificar respostas automáticas e cultivar uma mentalidade mais equilibrada. Em vez de permitir que emoções passageiras determinem decisões importantes, indivíduos emocionalmente maduros usam essas ferramentas para manter o foco em seus valores e objetivos de longo prazo. Recuperar esse controle possibilita viver com mais discernimento e liberdade, sem ser arrastado pelas correntes emocionais impostas pelo "Pão e Circo". Esse processo contínuo leva a um estado de maior clareza mental, permitindo interações mais autênticas e escolhas alinhadas com um propósito genuíno.

O controle emocional não significa reprimir ou suprimir emoções. Não se trata de tornar-se frio ou insensível, mas sim de desenvolver a capacidade de vivenciá-las plenamente sem ser dominado por elas, compreendendo-as como sinais valiosos e utilizando-as como informações para tomar decisões conscientes e alinhadas com valores pessoais. Recuperar o controle emocional significa transformar emoções de mestres tirânicos em servos úteis, guiando ações de forma inteligente e adaptativa, sem ser levado por impulsos e reações descontroladas.

Uma das técnicas mais acessíveis e eficazes para isso é a prática da mindfulness, ou atenção plena. Como visto anteriormente, a mindfulness consiste em direcionar a atenção ao momento presente de forma deliberada e sem julgamento, observando pensamentos, emoções e sensações corporais como eventos passageiros, sem se identificar com eles ou se deixar levar por eles. A prática regular fortalece a autoconsciência emocional, melhora a capacidade de observar os próprios estados internos com mais distanciamento e reduz a reatividade impulsiva, criando um espaço para escolhas emocionais mais conscientes.

Exercícios de mindfulness podem ser facilmente incorporados à rotina diária, como meditação sentada, caminhada consciente, respiração atenta e observação dos sentidos. Dedicar alguns minutos por dia a essas práticas, focando na respiração, nas sensações corporais ou nos sons ao redor, ajuda a treinar a mente a permanecer presente e focada, reduzindo a divagação mental e a ruminação obsessiva sobre emoções negativas. A mindfulness não elimina sentimentos desconfortáveis, mas permite vivenciá-los com mais equanimidade e menos sofrimento, observando-os surgir e passar como nuvens no céu, sem se prender a eles ou ser arrastado por suas tempestades.

A autorreflexão também é uma ferramenta poderosa para fortalecer o controle emocional. Reservar tempo para analisar experiências emocionais, identificando gatilhos, padrões de pensamento e consequências de reações impulsivas, gera insights valiosos sobre o próprio funcionamento emocional. Manter um diário emocional, registrar momentos de emoções intensas e revisá-los depois permite desenvolver autoconsciência e identificar padrões que podem ser modificados.

Além disso, exercícios de controle cognitivo são fundamentais nesse processo. A reestruturação cognitiva, técnica da terapia cognitivo-comportamental, envolve identificar pensamentos automáticos negativos e disfuncionais, questionar sua validade e substituí-los por pensamentos mais realistas, equilibrados e adaptativos. Quando pensamentos como "Não sou bom o suficiente" ou "As coisas sempre dão errado para mim" surgem, é possível questioná-los, buscar evidências que os contradigam e reformulá-los de maneira mais positiva e realista, como "Posso aprender e melhorar" ou "Nem tudo sai como planejado, mas sou capaz de lidar com isso". Praticar regularmente essa técnica ajuda a modificar padrões de pensamento disfuncionais, reduzir a intensidade de emoções negativas e fortalecer a resiliência emocional.

O desenvolvimento da inteligência emocional, que envolve reconhecer, compreender, expressar e gerenciar emoções próprias e alheias, é um processo contínuo e essencial para o controle emocional. Inteligência emocional não é um dom inato, mas um conjunto de habilidades que podem ser aprendidas e aprimoradas. Ler sobre o tema, participar de workshops, buscar feedback de pessoas de confiança e praticar empatia e escuta ativa são formas de fortalecer essa capacidade e lidar melhor com as complexidades do mundo emocional.

Resgatar o controle emocional não é um destino final, mas um processo contínuo de aprendizado e autodescoberta. Cada experiência desafiadora se torna uma oportunidade de aprimorar essa habilidade, permitindo que as emoções sejam compreendidas e canalizadas de forma construtiva. Quanto mais essa inteligência emocional se desenvolve, maior a capacidade de agir com clareza, mesmo diante de adversidades. Com o tempo, o autocontrole deixa de ser um esforço consciente e se torna um estado natural, permitindo que a vida seja vivida com mais leveza e propósito.

Além de beneficiar a si mesmo, quem aprende a gerenciar as próprias emoções também melhora significativamente seus relacionamentos. A comunicação se torna mais assertiva, os conflitos são resolvidos com maturidade e a empatia se fortalece. A forma como lidamos com nossas emoções reflete diretamente nas interações com os outros, criando conexões mais autênticas e saudáveis. Assim, o controle emocional não apenas protege contra influências externas nocivas, mas também enriquece a vida em comunidade.

Recuperar o domínio sobre as próprias emoções é um ato de liberdade. Em um mundo que constantemente tenta moldar reações e manipular sentimentos, desenvolver autonomia emocional é uma forma de resistência e fortalecimento pessoal. Quando se deixa de ser refém de impulsos e se passa a agir com consciência e equilíbrio, a vida se torna mais significativa, guiada por escolhas genuínas e não por reações automáticas. Esse é o verdadeiro poder do controle emocional: transformar a maneira como se experimenta o mundo, encontrando serenidade mesmo em meio ao caos.

Capítulo 26
O Novo Modelo de Pensamento

A construção de um novo modelo de pensamento exige uma mudança profunda na forma como interpretamos e reagimos ao mundo ao nosso redor. A mente humana, frequentemente condicionada por padrões automáticos e influências externas, pode ser treinada para operar de maneira mais consciente e intencional. Esse processo começa com a reestruturação da forma como percebemos e processamos informações, substituindo reações impulsivas por respostas deliberadas e alinhadas com nossos valores mais autênticos. Em vez de sermos levados por distrações massivas e manipulações emocionais, precisamos fortalecer nossa capacidade de discernir, questionar e escolher conscientemente onde direcionamos atenção e energia. Essa transformação mental não acontece de imediato, mas se desenvolve com a prática contínua da autorreflexão e da busca por uma consciência mais clara e independente.

O primeiro passo nessa mudança é cultivar uma atenção seletiva, que nos permite filtrar o excesso de estímulos e priorizar o que realmente contribui para nosso crescimento e bem-estar. Em um mundo saturado de informações, onde mídia e entretenimento competem constantemente por nossa atenção, torna-se essencial distinguir entre o que é relevante e o que é apenas ruído. Isso implica não apenas reconhecer conteúdos manipulativos e superficiais, mas também estabelecer critérios internos sólidos para definir o que realmente merece nosso tempo e envolvimento. Praticar a atenção seletiva não significa ignorar a realidade ou se alienar dos acontecimentos, mas adotar uma postura crítica e intencional sobre o que escolhemos consumir e absorver. Ao fortalecermos essa habilidade, passamos a exercer maior domínio sobre nossos pensamentos e emoções, reduzindo a influência de fatores externos sobre nosso estado mental e emocional.

Além da atenção seletiva, a adoção de uma mentalidade observadora é essencial para essa nova forma de pensar. Em vez de reagirmos automaticamente a cada estímulo emocional, podemos desenvolver a capacidade de observar nossos próprios pensamentos e sentimentos com mais distanciamento e análise. Isso não significa reprimir emoções, mas compreendê-las antes de agir com base nelas. Esse processo ajuda a evitar armadilhas emocionais e manipulações, pois nos permite questionar narrativas externas e analisar situações com mais clareza. Quando combinamos essa mentalidade observadora com o foco no que podemos controlar, investimos nossa energia de maneira mais produtiva, concentrando-nos em ações concretas que realmente impactam nossa vida e nos afastando de preocupações inúteis e desgastantes. A soma desses elementos resulta em uma forma de pensar mais estruturada, consciente e alinhada com uma existência mais autêntica e significativa.

Esse novo modelo de pensamento se baseia na conscientização seletiva, ou seja, na capacidade de filtrar o fluxo incessante de informações e estímulos que nos bombardeiam diariamente, direcionando nossa atenção para o que realmente importa e descartando o ruído irrelevante que apenas nos distrai e nos impede de viver com clareza e propósito. Conscientização seletiva não significa ignorar o mundo, mas exercer discernimento ativo sobre o que merece nossa atenção, onde devemos investir tempo e energia emocional e o que podemos deixar passar sem prejuízo ou desvio de nossos objetivos autênticos.

No centro dessa conscientização seletiva está a distinção entre o essencial e o supérfluo. Em uma sociedade que valoriza o efêmero, o superficial e o sensacionalista, desenvolver essa capacidade torna-se fundamental. Diferenciar o que é realmente relevante para nosso crescimento pessoal, bem-estar e realização de valores do que é apenas distração, entretenimento vazio ou apelo emocional manipulador exige autoconhecimento, reflexão crítica e coragem para questionar valores predominantes e definir nossos próprios critérios de relevância. O que realmente contribui para minha felicidade a longo prazo? Que atividades e informações me nutrem intelectualmente e emocionalmente? Quais relacionamentos me fortalecem e inspiram? Responder a essas perguntas com honestidade e profundidade nos ajuda a clarificar o que é essencial e a filtrar o que apenas consome tempo e energia sem agregar valor.

A mentalidade observadora também é um pilar fundamental desse novo modelo de pensamento. Em vez de nos envolvermos emocionalmente de forma automática e impulsiva com eventos externos, essa postura nos convida a analisar informações e estímulos com discernimento e objetividade. Ter uma visão crítica não significa indiferença ou falta de empatia, mas sim a capacidade de manter uma distância emocional saudável, evitando sermos arrastados por paixões momentâneas, narrativas fabricadas ou apelos emocionais manipuladores. Observar o mundo com um olhar questionador nos permite identificar os mecanismos do "Pão e Circo" em ação, compreender as motivações por trás da manipulação emocional e resistir à influência de distrações prejudiciais.

A focalização no círculo de influência é um princípio prático e poderoso para aplicar tanto a conscientização seletiva quanto a mentalidade observadora no dia a dia. Em vez de desperdiçar energia e atenção com questões fora de nosso controle, como resultados esportivos, decisões políticas distantes ou opiniões irrelevantes de terceiros, devemos concentrar esforços no que realmente podemos transformar: nossas próprias ações, escolhas, pensamentos e comportamentos. Direcionando nossa energia para o que está ao nosso alcance, aumentamos o senso de controle, reduzimos frustrações e impotência e ampliamos nossa capacidade de gerar impacto positivo em nossa vida e no ambiente ao redor.

A cultura da presença complementa esse novo modelo de pensamento, incentivando-nos a viver o momento presente com plenitude e consciência, em vez de nos perdermos em preocupações com o futuro ou em ruminações sobre o passado. A prática de mindfulness e atenção plena, já exploradas anteriormente, fortalece a conexão com o aqui e agora, permitindo que apreciemos as pequenas alegrias do cotidiano e encontremos serenidade no momento presente. Viver no presente reduz a ansiedade, minimiza a necessidade de buscar gratificações futuras e nos liberta da busca incessante por estímulos externos para sentir felicidade e propósito.

Adotar esse novo modelo de pensamento não significa apenas mudar a forma como absorvemos informações, mas também transformar a maneira como tomamos decisões e conduzimos a vida. Quando deixamos de ser guiados por impulsos e narrativas externas, passamos a agir com mais intenção e consciência, escolhendo caminhos alinhados com nossos valores e objetivos autênticos. Essa mudança traz um profundo senso de autonomia, pois cada escolha deixa de ser uma reação automática e se torna um passo deliberado em direção a uma vida mais significativa.

Com o tempo, essa nova abordagem mental fortalece a resiliência e a clareza diante dos desafios. Em vez de nos sentirmos sobrecarregados pelo excesso de informações e estímulos, aprendemos a filtrar o que realmente importa e a enfrentar adversidades de forma estratégica. Essa capacidade de discernir e agir com inteligência emocional nos protege da manipulação e das distrações do mundo moderno, permitindo que sejamos protagonistas de nossa própria jornada.

Construir esse novo modelo de pensamento é, no fundo, um retorno ao essencial: pensar com liberdade, viver com presença e agir com propósito. Em um mundo que nos empurra para distrações e superficialidade, desenvolver uma mentalidade mais observadora e seletiva é um ato de resistência e fortalecimento pessoal. Quanto mais cultivamos essa forma de pensar, mais nos aproximamos de uma vida autêntica, focada no que realmente tem valor e livre das correntes invisíveis do condicionamento social.

Capítulo 27
O Mundo Sem Ilusões

A dissolução das ilusões que moldam a percepção coletiva da realidade provocaria uma transformação radical na forma como os indivíduos interagem com o mundo e entre si. O véu da distração, sustentado por ciclos intermináveis de entretenimento superficial e narrativas manipulativas, obscurece a clareza de pensamento e mantém as massas presas a padrões automáticos de comportamento. Quando esse véu se desfaz, surge uma nova consciência, capaz de enxergar além das distrações fabricadas e perceber a estrutura invisível que rege a dinâmica social. Essa mudança não acontece de maneira abrupta, mas como um despertar progressivo, no qual as pessoas começam a questionar verdades aceitas, examinar criticamente as informações que consomem e desenvolver uma compreensão mais profunda das forças que moldam a sociedade.

À medida que essa percepção se expande, a sociedade passa a operar em um nível mais elevado de discernimento e engajamento. A energia antes consumida por debates irrelevantes e estímulos emocionais efêmeros é redirecionada para atividades que impulsionam o desenvolvimento humano e coletivo. Com menos espaço para manipulações ideológicas e distrações desenfreadas, os indivíduos passam a exercer um pensamento crítico mais refinado, filtrando o que realmente contribui para sua evolução pessoal e descartando o que apenas os mantém inertes. O impacto desse fenômeno se manifesta em todas as esferas da vida: nas relações interpessoais, no nível de consciência aplicado às escolhas e na capacidade de construir soluções mais eficazes para os desafios enfrentados.

No entanto, essa transição não ocorre sem resistência. Estruturas que se beneficiam da desinformação e da distração exercem forte influência na manutenção do status quo, e romper com esses padrões exige não apenas esforço individual, mas também um movimento coletivo de transformação. A educação assume um papel central nesse processo, oferecendo ferramentas para que as pessoas desenvolvam uma leitura crítica da realidade e adquiram autonomia sobre seus pensamentos. Ao mesmo tempo, mídia e instituições são desafiadas a agir com mais transparência e ética, à medida que uma população mais consciente exige maior responsabilidade daqueles que moldam a narrativa pública. Ainda que um mundo completamente livre de ilusões pareça utópico, a busca contínua por clareza, autenticidade e discernimento representa um caminho viável para a construção de uma sociedade mais lúcida, racional e verdadeiramente engajada com a realidade.

Em um mundo sem ilusões, a produtividade social poderia alcançar patamares inéditos. Imagine uma população não mais consumida por horas de entretenimento superficial, debates acalorados sobre temas irrelevantes ou paixões efêmeras que nada acrescentam à vida. Essa energia, tempo e atenção antes desperdiçados em distrações seriam redirecionados para atividades produtivas, desenvolvimento pessoal e profissional, busca por soluções inovadoras para os desafios da sociedade e criação de um futuro mais próspero e sustentável. O potencial criativo e produtivo da humanidade, liberto das amarras da distração, se amplificaria exponencialmente, impulsionando avanços em todas as áreas, da ciência e tecnologia à arte e cultura.

A consciência social também se elevaria radicalmente. Indivíduos libertos da manipulação emocional e da desinformação desenvolveriam um olhar mais crítico e objetivo sobre a realidade, questionando narrativas fabricadas, identificando agendas ocultas e exigindo transparência e responsabilidade de seus líderes e instituições. O debate público se pautaria pela razão, pela evidência e pelo respeito à diversidade de opiniões, em vez de ser dominado pela polarização, pelo sensacionalismo e pela retórica inflamada. A participação cívica se tornaria mais informada e engajada, com cidadãos conscientes de seus direitos e responsabilidades, ativos na busca por soluções para problemas da comunidade e comprometidos com o bem-estar coletivo.

Uma sociedade sem ilusões seria muito menos suscetível à manipulação. Populações emocionalmente maduras, dotadas de pensamento crítico e resistentes a apelos emocionais superficiais, seriam mais difíceis de serem controladas por propagandas enganosas, discursos políticos demagógicos ou notícias falsas. A capacidade de discernimento e a busca por informações verificadas fortaleceriam a imunidade coletiva contra a desinformação, tornando a sociedade mais resiliente a tentativas de controle social e mais propensa a tomar decisões baseadas na razão e no interesse público, em vez de ser influenciada por emoções passageiras ou narrativas fabricadas.

A cultura do entretenimento também se transformaria nesse novo cenário. Lazer, diversão e momentos de descontração continuariam a fazer parte da experiência humana, mas deixariam de ser usados como ferramentas de distração e manipulação. O entretenimento passaria a priorizar conteúdos que estimulem a criatividade, a reflexão, o aprendizado e a conexão autêntica entre as pessoas. Arte, esporte e lazer seriam valorizados por seu potencial de enriquecer a vida, promover bem-estar e fortalecer laços sociais, em vez de serem explorados como mecanismos de distração massiva e alimentação de paixões vazias.

Os desafios para alcançar uma sociedade sem ilusões seriam imensos, mas não intransponíveis. A resistência de interesses econômicos e políticos que lucram com a distração e a manipulação, somada à inércia de padrões culturais arraigados e à complexidade da natureza humana, representaria obstáculos significativos. A transição para uma sociedade emocionalmente mais madura exigiria um esforço coletivo e contínuo, envolvendo mudanças na educação, na mídia, na política e na cultura. A promoção do pensamento crítico, do letramento midiático, da educação emocional e da valorização da razão e da evidência seriam passos fundamentais nesse processo de transformação.

Atingir um mundo completamente livre de ilusões pode ser uma utopia inatingível, mas a busca por esse ideal representa um caminho promissor para uma sociedade melhor. Mesmo avanços graduais em direção a maior consciência, discernimento e resistência à manipulação já trariam benefícios significativos para a qualidade de vida individual e coletiva. Imaginar um mundo sem ilusões não é apenas um exercício de futurologia, mas um convite à reflexão e à ação no presente, incentivando-nos a questionar nossos próprios padrões de pensamento e comportamento, resistir à manipulação emocional e contribuir, cada um à sua maneira, para a construção de uma sociedade mais consciente, racional e humana.

Mesmo que um mundo totalmente livre de ilusões pareça distante, cada indivíduo que desperta para essa nova percepção já contribui para a transformação coletiva. Quando alguém decide questionar narrativas impostas, abandonar distrações vazias e agir com mais consciência, torna-se um ponto de luz no tecido social, inspirando outros a fazerem o mesmo. Pequenos atos de clareza e discernimento, multiplicados ao longo do tempo, podem gerar ondas de mudança que, pouco a pouco, reformulam a forma como a sociedade opera.

Resistir à manipulação e buscar um entendimento mais profundo da realidade não são tarefas fáceis, mas são essenciais para uma vida autêntica e significativa. Quanto mais cultivamos a autonomia de pensamento, mais nos libertamos das amarras invisíveis que condicionam emoções e escolhas. Esse processo não apenas nos torna mais lúcidos, mas também mais responsáveis pelo impacto que geramos no mundo ao nosso redor. A verdadeira liberdade não está na ausência de desafios, mas na capacidade de enfrentá-los com consciência e propósito.

    A jornada para um mundo sem ilusões começa dentro de cada um. Ao desenvolvermos um olhar mais crítico e refinado, fortalecemos nossa imunidade contra manipulações e criamos um espaço mental onde a verdade tem mais valor do que a conveniência. E, mesmo que a ilusão nunca desapareça por completo, podemos escolher, dia após dia, enxergar além dela — e isso, por si só, já é uma forma poderosa de revolução.

Capítulo 28
Libertando-se do Circo

A libertação do ciclo do "Pão e Circo" não acontece de maneira repentina, mas como um processo gradual de despertar e transformação interior. Para se libertar de fato, é preciso um compromisso profundo com a própria autonomia emocional e intelectual. Esse caminho exige coragem para questionar crenças enraizadas, discernimento para reconhecer as armadilhas da distração e disciplina para construir hábitos que fortaleçam a independência de pensamento. O primeiro passo dessa jornada é perceber a influência que os mecanismos de manipulação exercem no cotidiano e compreender que a passividade diante dessas forças nos torna reféns de um sistema que prospera à custa da alienação coletiva.

Ao longo desse processo, torna-se essencial desenvolver um olhar crítico sobre os estímulos que consomem nossa atenção e energia. O envolvimento excessivo com eventos externos, a idolatria de figuras públicas e a busca incessante por entretenimento superficial são sinais de uma desconexão consigo mesmo. Libertar-se desse ciclo significa resgatar a soberania sobre a própria mente, filtrando conscientemente o que merece ou não ocupar espaço em nossos pensamentos. Isso não significa abandonar o lazer ou a diversão, mas aprender a consumi-los de forma equilibrada, sem que se tornem substitutos para um propósito genuíno. A verdadeira satisfação não vem da excitação passageira proporcionada por distrações momentâneas, mas da construção de uma vida pautada por valores autênticos e realizações significativas.

A independência emocional é o alicerce dessa libertação. Quando deixamos de reagir automaticamente a apelos externos e assumimos a responsabilidade por nossas próprias emoções, tornamo-nos imunes à manipulação e ao controle social. Essa mudança de perspectiva nos permite estabelecer relações mais genuínas, tomar decisões mais alinhadas com nossa essência e cultivar uma paz interior que não depende de fatores externos. O mundo continuará oferecendo distrações e ilusões, mas cabe a cada um decidir se quer permanecer preso ao espetáculo ou assumir o protagonismo da própria existência. O desafio está lançado: sair do papel de espectador passivo e assumir o controle da própria história, com consciência, propósito e autenticidade.

Revisitamos a história do "Pão e Circo", desde a Roma Antiga até os dias atuais, e constatamos a persistência dessa estratégia de controle social, adaptada a cada época, mas sempre com o mesmo objetivo: distrair as massas das questões essenciais, mantendo-as passivas e suscetíveis à manipulação. Exploramos o funcionamento do cérebro humano e como ele pode ser viciado em estímulos emocionais externos, compreendendo a base neurocientífica da vulnerabilidade à distração e ao entretenimento superficial.

Analisamos a psicologia das multidões e como a identidade individual pode se diluir no coletivo, tornando-nos mais propensos a comportamentos impulsivos e facilitando a manipulação emocional em eventos de massa. Refletimos sobre o impacto do envolvimento emocional excessivo com eventos externos na construção da identidade, percebendo como essa projeção pode prejudicar a autoestima e o desenvolvimento pessoal, transferindo o senso de valor para conquistas alheias e símbolos externos.

Desvendamos o poder das narrativas midiáticas e do entretenimento, compreendendo como histórias cuidadosamente elaboradas reforçam a ilusão de pertencimento e identificação emocional com eventos externos, desviando nossa atenção de questões mais relevantes. Analisamos o uso político da emoção, observando como líderes e partidos exploram o fanatismo e a polarização para manter as massas controladas, utilizando os mesmos mecanismos de manipulação emocional do entretenimento.

Exploramos o efeito manada e como a necessidade de aceitação social pode nos levar a seguir a multidão sem questionamento racional, tornando-nos instrumentos de controle social. Compreendemos como as redes sociais amplificaram o fenômeno do "Pão e Circo", criando novas arenas de engajamento emocional superficial e ciclos de distração incessantes, priorizando conteúdos que geram reações extremas e nos mantendo presos a um fluxo constante de estímulos irrelevantes.

Investigamos o papel da mídia na manutenção desse ciclo, analisando como manchetes sensacionalistas, coberturas esportivas e premiações alimentam ciclos de empolgação e frustração, desviando a atenção de questões mais relevantes. Observamos a cultura do entretenimento e como filmes, séries, reality shows e eventos são projetados para gerar engajamento emocional, promovendo a ilusão de pertencimento e tornando as massas mais passivas e manipuláveis.

Exploramos o culto às celebridades, compreendendo a necessidade psicológica de projetar emoções em figuras públicas e como esse fenômeno global é incentivado pela mídia e pelas redes sociais, criando uma dependência emocional prejudicial à vida cotidiana. Analisamos o fanatismo e o extremismo, examinando os fatores psicológicos que levam indivíduos a defenderem causas ou figuras públicas com fervor irracional e os perigos do extremismo como ferramenta de controle social.

Refletimos sobre o preço da alienação, investigando as consequências emocionais, sociais e econômicas de viver projetando emoções em eventos externos. Percebemos como essa alienação pode ser usada para manter classes sociais inteiras em estado de passividade e conformismo. Analisamos a relação entre o "Pão e Circo" e a estrutura social, constatando como a falta de oportunidades reais pode levar as pessoas a encontrarem refúgio emocional em conquistas simbólicas, e como governos e elites utilizam essa estratégia para manter a ordem.

Exploramos as exceções à regra, entendendo como o envolvimento extremo com eventos externos também pode se manifestar em pessoas bem-sucedidas, reconhecendo a complexidade das motivações humanas. Desmistificamos a ilusão do controle, questionando a crença de que torcer fanaticamente ou discutir obsessivamente sobre um tema exerce influência real sobre ele, abrindo caminho para uma mentalidade mais independente e crítica.

Analisamos como a educação pode romper o ciclo do "Pão e Circo", apresentando estratégias para desenvolver o pensamento crítico, o letramento midiático e a educação emocional, capacitando os indivíduos a resistirem à manipulação. Introduzimos o conceito de minimalismo emocional, uma abordagem para reduzir a dependência de estímulos externos e viver uma vida mais centrada em si mesmo, filtrando o que realmente merece nossa atenção e energia.

Finalmente, refletimos sobre o poder da autorresponsabilidade, compreendendo como assumir o controle das próprias emoções é essencial para se libertar das influências externas e alcançar uma vida mais plena e independente. Apresentamos um novo modelo de pensamento, baseado na conscientização seletiva, na mentalidade observadora, no foco no círculo de influência e na cultura da presença, oferecendo um guia prático para uma vida mais consciente e equilibrada. Por fim, imaginamos um mundo sem ilusões, explorando o potencial de uma sociedade emocionalmente mais madura, produtiva, consciente e menos suscetível à manipulação.

Agora, o convite final é para você. Este livro não é um ponto final, mas um ponto de partida. A verdadeira libertação do "Pão e Circo" não está na leitura destas páginas, mas na aplicação desses conhecimentos à sua vida. O desafio é despertar para a manipulação emocional do dia a dia, questionar as narrativas impostas, resgatar o controle sobre suas emoções e construir uma vida autêntica, baseada em suas escolhas e valores.

Liberte-se do circo. Deixe de ser um espectador passivo e torne-se o protagonista da própria história. Desconecte-se da distração incessante, desapegue-se das paixões efêmeras e da busca por validação externa. Redescubra seus talentos, explore suas paixões, defina seus objetivos e persiga-os com determinação. Construa relações significativas, invista em seu crescimento pessoal, contribua para sua comunidade e busque um propósito que transcenda as distrações do "Pão e Circo".

A jornada para a libertação emocional é desafiadora, mas recompensadora. Exige coragem para questionar o status quo, disciplina para reprogramar a mente e persistência para manter o foco. Mas os frutos dessa jornada são inestimáveis: liberdade emocional, clareza mental, serenidade interior, autenticidade e uma vida mais plena.

Libertar-se do circo não significa apenas afastar-se das distrações fabricadas, mas recuperar o direito de viver com verdadeiro significado. A saída desse ciclo não ocorre por meio de uma ruptura drástica, e sim por pequenas decisões diárias: escolher a reflexão em vez da reatividade, o silêncio em vez do ruído, a autenticidade em vez da validação superficial. Esse processo não elimina os desafios da existência, mas garante que cada obstáculo seja enfrentado com autonomia e consciência, sem que as emoções sejam sequestradas por influências externas.

Cada passo em direção a essa liberdade fortalece um ciclo virtuoso de clareza e propósito. Com o tempo, aquilo que antes parecia indispensável — a excitação momentânea, as disputas vazias, a necessidade de pertencimento a narrativas externas — perde seu brilho, dando lugar a uma satisfação mais profunda e duradoura. A vida passa a ser menos sobre reagir e mais sobre criar; menos sobre consumir e mais sobre construir. O tempo antes desperdiçado em distrações passageiras se transforma em investimento no que realmente importa: conhecimento, relações autênticas, experiências enriquecedoras e a busca pelo autodesenvolvimento.

A pergunta que fica é: o que você fará com essa consciência recém-adquirida? Permanecerá no espetáculo, envolvido pelos aplausos e ilusões, ou decidirá dar um passo para fora do palco e assumir o controle da própria história? A resposta não precisa ser imediata, mas o chamado já foi feito. A libertação não acontece por um grande ato heroico, mas pela escolha diária de viver com intenção, presença e autenticidade.

Epílogo

Após percorrer os caminhos da manipulação emocional, da influência da mídia, da projeção social e do controle da atenção, resta uma pergunta essencial: e agora? O que fazer com esse conhecimento?

A sociedade moderna se construiu sobre um paradoxo. Vivemos na era da informação, mas nunca foi tão difícil distinguir o essencial do supérfluo. Somos incentivados a acreditar que estamos mais conscientes e conectados, quando na realidade, nossa atenção é direcionada para distrações cuidadosamente elaboradas. A política se transformou em espetáculo, o entretenimento em ferramenta de condicionamento, e a identidade individual em um reflexo das tendências dominantes.

Mas entender esse mecanismo já é um passo para sair dele. E essa saída não exige isolamento ou rejeição completa da cultura e das interações sociais. Pelo contrário, ela pede discernimento. Pede que cada um passe a questionar os estímulos que recebe, a reconhecer quando suas emoções estão sendo manipuladas e a decidir conscientemente para onde direcionar sua energia.

O verdadeiro desafio não está em eliminar as distrações do mundo, mas em aprender a enxergá-las pelo que realmente são. O problema não é torcer por um time, admirar uma figura pública ou acompanhar o noticiário. O problema surge quando essas experiências se tornam mais importantes do que a própria vida, quando a identidade se dissolve na multidão e quando a satisfação pessoal depende de eventos completamente alheios à realidade individual.

A pergunta final não deve ser apenas "como o mundo nos influencia?", mas "o que fazemos com essa influência?". Se a emoção é o principal canal de controle das massas, então a autonomia emocional é a chave para recuperar o próprio poder. Isso significa desenvolver uma visão mais crítica sobre os estímulos diários, valorizar experiências autênticas e buscar significado além do espetáculo.

Não há solução simples ou resposta definitiva. Cada um precisa encontrar seu próprio equilíbrio entre envolvimento e distanciamento, entre participação e reflexão. A sociedade continuará oferecendo novas formas de distração e mobilização emocional, mas aqueles que enxergam além da superfície podem navegar por esse mar sem se afogar nele.

No fim, a maior liberdade não é a ausência de influência, mas a capacidade de escolher conscientemente o que merece nossa atenção, nosso tempo e, acima de tudo, nossa emoção.

www.ingramcontent.com/pod-product-compliance
Lightning Source LLC
LaVergne TN
LVHW040056080526
838202LV00045B/3656